うつでも起業で生きていく

林　直人
Hayashi Naoto

河出書房新社

うつでも起業で生きていく

はじめに

うつ病の私には起業しかなかった

私は根っからのうつ病です。

高校時代に学園祭実行委員会の仕事とハードな勉強で体調を崩し、以来15年、ちゃんとした時間にぐっすり眠れたことは数えるほどしかありません。今でもひどい不眠症で、くっきりとしたクマは消えることがありません。

明らかに病的な見た目ですから、大学に入ってもバイトにも採用されず、知り合いの会社を手伝ったりもしましたが、まったく使い物にならず、追い出されるようにして辞めたこともありました。

そんな私を救ってくれたのは「起業」でした。

私は、自らの不登校経験から、自宅にいながらネットで勉強することの必要性を感じ、毎日10分、勉強の進捗を管理してくれるネット家庭教師「毎日学習会」を立ち上げました。大学合格後、体調を崩しているときにTwitterで受験相談を受けたことがキッカケでスタートした塾ですが、今では毎年１００人以上の生徒を教えるまでに成長しました。

「起業」は素晴らしいチャンスを私にくれました。もちろん、１００人いたら99人までは私の作った本も、Ｗｅｂサイトも、動画も、すべて無視するわけですが、１人ぐらいは私から大学受験の必勝法を学びたいという方がいるのです。そういう１００人中1人の積み重ねで、私は毎年１００人以上の受験生に指導をする機会に恵まれました。お客様一人ひとりの存在が、私を社会にとって必要な人材に変えてくださったのです。

塾経営をする中で、うつ病の方、それ以外の精神疾患を抱えている方と出会う機会が多くありました。その中で、「うつ病」や「それ以外の精神疾患」を抱えた方向けの「自己啓発本」がなく、多くの方が「元気な人向けの自己啓発本」を真に受けて、余計に苦しみを増していることに気づきました。

このような気づきから、私は今回『うつでも起業で生きていく』を書こうと決心しました。

本来、私も零細事業者として生きていくのがやっとなわけですから、自分の手の内を晒《さら》すような本を出すことは賢い選択ではありません。しかし、うつ病やそれ以外の精神疾患にかかったときの、世界のすべてが自分を無視しているようなあの感覚を私は知っています。それを知っているからこそ、私はこの本を書こうと思いました。この本では、セミナーを売りつけたり合宿を売りつけたりはしません。そもそも私は人と会うのが苦手なので、今までもこれからもそういう高額な自己啓発セミナーで儲《もう》けるようなことはしません。だから安心して最後まで読んでください。体調が悪くて最後まで読めなくても、なにかしら役立つ考え方を一つの章ごとに得られるようにまとめましたので、少しでもいいから読めるときに読んでみてください。

うつ病のときは、世界のすべてが自分を無視しているように感じるものです。でも、そんなことはありません。１００人いたら99人はあなたを無視するかもしれません。ただ、１人はあなたのことを見ています。その１人に対し、あなたがもし今なにも役に立つことができなくても、これから先、あなたが生きていれば、その１人のために役に立てるかもしれない。今ではなく未来を見て、あなたの生きる価値について考えましょう。あなたには価値があります。あなたには高い価値があり、そして尊い。だから未来を信じ続けてください。未来のあなたに価値があるのであれば、今のあなたにだって価値があります。だから、今なにもできないことを、必要以上に悲観しないことです。

この本は、そんなメッセージが伝わるように書いたつもりです。うつでもどうにか生きていくためにどんな方法があるのか、この本で一緒に考えていければと思います。

第3章 うつでも参入できる市場はどこか考えよう

第4章 うつでもできるビジネスプランを考えよう

第5章 払ってはいけないお金を考えよう

第8章 人を雇うことについて考えよう

第9章 うつの人が生き延びる方法を大富豪から学ぼう

第1章

うつの人は「自己啓発本」を読むのはやめよう

うつの人が「自己啓発本」「経営者本」を100冊読んでみたら……

うつの人は、基本的に真面目なものです。あなたがこの本を読んでいるということは、おそらくあなたも、今までうつの問題を解決するために、さまざまな本を読んできたのだと思います。「うつ病は気合が足りない」みたいなことを人から言われて、気合を入れるために「自己啓発本」を探して読んだこともあるかもしれません。私もそうでした。

さて、ご多分に漏れず私も真面目な性格なので、沈没しかけている自分の人生をどうにか好転させるために、いわゆる「自己啓発本」「経営者本」を今までに数多く読んできました。今ざっとKindleに入っている本を確認しただけでも、１００冊以上はあります。

私にも「思考を現実化」させようと努力したり、「７つの習慣」を身につけようとしたり、「嫌われる勇気」を身につけようとしたり、「金持ち父さん」に感化されてみたり「夢に日付を」入れようとしてみたりしたことがあるのです。「ツイてる」と言うと、本当にツイてくるみたいな本に感化されていた時期もありますし、岡本太郎《おかもとたろう》のように生きたいと思ったこともあります。第二の孫正義《そんまさよし》氏をめざしてみたこともあります。そうした悪戦苦闘七転八倒の中で気づいたのは、これらは私にはまったく向いていないということでした。

まず、これらの本に書いてあることを真に受けて、そのまま実行しようとすると、なにしろ疲れます。疲れるのはよくない。疲れるのはうつ病の大敵です。なるべく疲れないようにしたほうがいい。人よりも体力気力が少ないわけですから、「疲れる」のだけはなにがなんでも避けるようにする必要があります。**「小さい気力体力」「波がある気力体力」を振り絞って、さも「大きな気力体力」「安定した気力体力」があるかのように現代の最先端テクノロジーを駆使して周囲を誤魔化して、麗しき誤解のもとで生き抜いていく、**これがうつ病患者の処世術です。なんにせよ疲れるのはよくない。

うつの人が「早起きセミナー」に徹夜して参加してみたら……

そもそもうつ病になると、あまりにひどい病状のときには本を読むことさえできないので、そうなると「自己啓発本」ではなく「自己啓発セミナー」で自分の人生を変えようと思うようになります。本来、こういう状況になったときには、一刻も早く病院に行って休養すべきなのですが、自分がうつ病だと認めたくない、自分を精神疾患だと認めたくない気持ちがしばしばそうした判断を遅らせます。

さて、「自己啓発セミナー」の代表的なものに「早起きセミナー」というありがたいセミナーがあります。最近だと人気YouTuberが、こうしたセミナーへの参加をすすめたりしています。いわく、「早起きすると気持ちがいい」「早起きで人生が変わる」「朝4時起きで3億円得する」とかまあ、そういう話がたくさんあるわけです。

さて、これらの話の真偽について、一つひとつ考えてみましょう。まず、早起きすると気持ちがいいということですが、実は塾の生徒の親御さんにこういったセミナーに参加している方がいて、私もそのありがたいセミナーに顔を出したことがあります。朝起きられない私がどのようにして参加したのかお話しします。まず、高いお月謝をいただいている親御さんとの約束を破るわけにはいかないので、緊張して前日の夜は眠れませんでした。でも早起きはできませんから、仕方なく徹夜してそのまま行きました。そうすると、私にとっては早起きではなく徹夜ですから気持ちよくありません。また、朝まで起きているのは高校時代からの習慣ですので、特段それで人生が変わるということもありません。「朝4時起きで3億円得する」という話ですが、私にとって大事なのは3億円得することよりも、とりあえず生き延びることです。バイトの面接も落とされるわ会社も追い出されるわという状態なわけですから、まずは生き延びることが最優先です。3億円という金額は、最近では事業がそれなりに軌道に乗り始めているので、少しだけ現実味のあるものになりましたが、私が起業したときは3億円なんてどうでもよくて、まずは生き延びることに必死でした。よって、3億円得するとかそういう話にも興味はありません。私は遅寝遅起きで3億円稼ぎたい。早寝早起きじゃないといけないなら、3億円なんていりません。

まあこのように自分の頭で考えれば、少なくともうつ病患者が「早起きセミナー」になんか参加する必要はほとんどないことがわかります。ところが案外、こういう「早起きセミナー」みたいなものに参加する真面目なうつの人、もしくはその予備軍の方が大変多いのです。あなたは早起きが気持ちいいですか？　早起きで人生変わりましたか？　朝まで起きている毎日の習慣が続いているだけではないですか？　3億円得しましたか？　そのあたりのことをもう少し考えてみる必要があります。

うつの人が「自己啓発本」を真に受けると自殺したくなる理由

さて、うつの人が「自己啓発本」「経営者本」「早起きセミナー」の役満3セットを経験すると、だいたい死にたくなります。私も死にたくなりました。「自己啓発本」「経営者本」「早起きセミナー」は、うつの人の希死念慮を強める必須アイテムです。

うつ病の回復期に「自己啓発本」「経営者本」「早起きセミナー」の役満3セットを経験したあと自殺された方ももしかしたら多いのではないかと思います。亡くなっていたらアンケートをおこなうわけにもいかないので、実際どうかわかりませんが、たぶん多いと思います。その理由を今から説明しようと思います。

まず、うつ病には、起き上がることも、食事の味を噛《か》みしめることも、寝ることも、音楽を聞くことも、本を読むこともできないという絶不調期と、今の私がそうですが、本を書いたり、仕事をしたりできる、わりと元気な時期があります。双極性障害とかではなくとも、このサイクルを行き来するうつの方が多いようです。

アントニオ猪木《いのき》氏の言葉に「元気があれば何でもできる」というものがありますが、あの言葉の意味を、私はうつ病の回復期のときに噛みしめました。絶不調期だと、たとえ希死念慮があっても動くことができないので寝ているだけですが、元気が出てくるにつれて、自殺したくなったからです。

うつの人は自殺願望を持っているのが当たり前なので、なぜ自殺したくなったのかと聞かれると答えるのが難しいのですが、一つ思い当たる節があるとしたら、やはり「自己啓発本」「経営者本」「早起きセミナー」あたりが原因ではないかと思います。

ああいう本とかセミナーを読んだり受けたりすると、パシッと決まっている諸先輩方に比べて、今の自分があまりに恥ずかしく思え、自己嫌悪がひどくなるからです（経験者として断言しておきますが、「自己啓発本」「経営者本」「早起きセミナー」あたりにいるたいていの人間は立派そうに見えるだけで、立派な人間ではありません。だから、そんなに自己嫌悪感を募らせなくて大丈夫です）。

ですから、「自己啓発本」「経営者本」「早起きセミナー」にはうつの人はあまり近寄らないほうがいいです。経験的にいっても百害あって一利なしです。

うつの人は「早起きセミナー」組とは人生観が違う

とはいえ、「自己啓発本」「経営者本」「早起きセミナー」あたりの役満3セットで学んだ教訓を、一つあなたともシェアしたいと思います。それはなにか。

ああいうモノにハマるような経営者というのは、たいていあまり同業他社と差別化要因がなく、人力で物事を解決するような事業をしているということです。代表的な例としては、保険の代理店とか居酒屋とかテレアポ代行業とかそういう業種の経営者が多いのです。ですから、ああいうセミナーに出入りすると、やたらめったら保険の営業をかけられることになります。もうすぐ死のうと思っているのに、生命保険をすすめられてもどうしようもないんですけどね。

こういう保険の代理店とか居酒屋とかテレアポ代行業とか、そういうある種誰でもできる商売というのは、利益率が低いことが多いです。たくさんの人と競争しますから、その中で勝つためには自己管理をピシッパシッとして、とにかく全体的に仕事ができないといけません。

さて、あなたは仕事ができますか？　自己管理をピシッパシッとできますか？　もしそうじゃなければ「自己啓発本」「経営者本」「早起きセミナー」あたりに出てくる経営者のマネはしないほうがいいです。彼らはあなたとは人生観、歩むべき人生が違うのです。

うつの人の「思考が現実化」したら大変なことになる

ここまでの段階で、よくある「自己啓発本」「経営者本」「早起きセミナー」がなぜうつの人の生きづらさを余計に増すのかについて簡単に説明しました。ここからは特に「自己啓発本」「経営者本」に絞って、なぜこうした書籍がうつ病患者の方の生きづらさを解消しないのか、そしてどのようにすればうつ病患者の方の生きづらさが解消されるのかについてお話ししたいと思います。

まず、自己啓発本の代表的なものとして、ナポレオン・ヒル氏が書いた『思考は現実化する』（きこ書房）という本があります。

この『思考は現実化する』に書かれている内容は、うつの人にとって、生きづらさをますます加速させるものです。

同書の第1章には、「思考は現実化しようとする衝動を秘めている」と書かれています。もうこの段階で救いがたくダメです。うつの人の思考が現実化したら行き着く先は自殺しかありません。

第2章は「願望の設定は、あらゆるものの達成の出発点である」。これもダメですね。うつの人の願望の設定なんて自殺以外ありえません。第3章「信念は願望実現の原動力である」。これもうつの人の信念なんか、自殺願望以外にないわけですから、願望実現の原動力もクソもあったものではありません。願望が実現したら、自殺してしまいます。

第4章は「深層自己説得を活用する」。これもまあ深いところにある自分なんか説得したら、死以外の結論はありません。第5章は「個人的経験と観察力を高める」。これについては一考の価値がありますが、そもそもうつの人は元気がないので個人的経験なんかこなせないわけですし、観察力についても、現状認識が歪《ゆが》んでいるからうつ病になるわけで、ここに書いてあるようなことをこなすのは難しいと思います。

第6章「脳の中に浮かぶ森羅万象の世界を活用せよ」。これも頭に浮かぶ森羅万象なんて自殺願望以外にないわけですからどうしようもないですね。第7章「体系的な行動計画を立てる」。これも、せっかく体系的な行動計画を立てたにもかかわらず、体調不良ですべて台無しになったときには目も当てられません。

第8章には「速やかに決断せよ」とありますが、うつの人が速やかに決断したら自殺してしまいますし、第9章「忍耐力を身につける」といっても、もうもともと忍耐なんか死ぬほどしているわけで、これ以上したら死んでしまいます。

第10章には「マスターマインドの力」とあります。マスターマインドとは、〝明確な目標を達成するための二人ないしはそれ以上の人たちによる、調和された知恵（そして知識）と努力の協力関係〟だそうですが、起業において他人の意見などゴミ同然です。他人の意見など考慮にいれればいれるほど、差別化要因が削《そ》がれます。聞くべきではありません。そもそも自営業なんかそんなに儲かるものではないですから、月の営業利益が１００万円出るまではなんでも自分でやるべきです。第11章は「モチベーションを生み出す魔法のアイデア」とあるわけですが、そもそもモチベーションがないからうつ病なわけで、話になりません。

第12章「潜在意識は海面下の王国である」は、別に「死にたい」としか考えてないわけで王国もクソもないですし、第13章「頭脳は宇宙が宿る小さな器である」、第14章「第六感は英知の殿堂への扉を開く」にしてもそれは同じことです。

第15章「強烈な本能を創造的なものに転換せよ」にかんしていえば、うつの人の強烈な本能なんて希死念慮しかないわけで、創造的にしようがありません。第16章「失敗も生き物である」、第17章「悲しみを通して魂にいたれ」、第18章「不安という名の七つの亡霊」に至ってはコメントもしたくない。これ以上、悲しみたくなんかないです、人生で。

うつの人には「7つの習慣」は多すぎる

次は『7つの習慣』（スティーブン・R・コヴィー著、フランクリン・コヴィー・ジャパン訳、キングベアー出版）です。

まず、7つもあるのが多すぎます。**うつ病で弱った頭では7つも習慣を覚えられません。**驚くべきことにこの本の次作は『第8の習慣』（同）というものだそうで、さらに習慣が増えています。うんざりしますね。

それぞれの習慣について見ていきましょう。

第一部は「パラダイムと原則」と題され、その最初は「インサイド・アウト」という項目から始まります。まず前提として、「インサイド・アウト」って、日本語訳の本なんだから、ちゃんと日本語に訳せという話ですが、「インサイド・アウト」とは「自分が変わったあとに相手を変えよう」という話らしいです。

そもそも私は、今までの人生で、他人が変わってくれるとかそういう期待を持ったことがないので、この本を読んだときには驚きました。まあ、うつ病になると「人生終わったな」とかいろいろ言われるわけですし、私も言われてきましたが、大学に受かったり事業がそれなりに軌道に乗ったりすると、あまりそういうことは言われなくなります。いろいろ言う人はあまり言われる側のことは考えてないので、全部無視しましょう。これが本当のインサイド・アウトです。

まあ習慣が大事というのは、これは本当にそうですね。モチベーションとか考える前にまず習慣化してしまうというのは一理あります。ただ、うつの人の場合、元気がなくて習慣化できないわけで、それが悩みどころです。だから次善の策として、多少元気があるときにまとめて仕事して、あとは毎日動画を配信するようにしたり、毎日システムで稼働するようにしたりして、毎日やってるフリ、習慣化できてるフリをすることが大事ですね。とりあえず、他人から毎日やってるように見えれば結果オーライということにしておきましょう。それがうつの人の処世術です。

第一の習慣「主体的である」。まあ、これはうつの人には必要不可欠でしょう。他人に気を使ってばかりですと本格的に病状が悪化しますので、なにはともあれ自分で決めていくことが大事です。第二の習慣「終わりを思い描くことから始める」。これはよくないですね。うつの人にとっての終わりなんて自殺しかありません。まあ、自殺でも他殺でも、亡くなったときに惜しまれるような人間になっていれば、人生という悪あがきの成果としてはこれ以上のものはないでしょう。

第三の習慣「最優先事項を優先する」。これも大事ですね。いろんな予定を頭に詰め込むと、うつの人の場合はパンクしてしまいます。ですから、とりあえずこれをやれば儲かるということを一つだけやる、一つずつやる、儲かったあとのことは、そのとき考えるということが大事です。

ここで「相互依存のパラダイム」というものが出てきますが、まあメンヘラ同士で相互依存すると、最終的には自殺のやり方相談会になります。私にも経験があります。あまり生産的ではないので、なるべくメンヘラ同士で相互依存しないようにしましょう。「相互依存するなら健康な人」と、これが「メンヘラ相互依存のパラダイム」の基本の「き」です。

そのうえで、第四の習慣「Win-Winを考える」。これは本当にそうです。この本の後半で話す〝「最大の努力」で「最小の成果」を出そう〟という話にも通じるところがありますが、結局、事業ではお客様にいただいた額以上の価値を提供しなければなりません。これは、特にうつの人の起業においては非常に大事なことです。ただでさえ落ち込みやすいのに、お客様とのトラブルで消耗したら、さらに落ち込んでしまいますからね。

また、第五の習慣「まず理解に徹し、そして理解される」というのも非常に大事です。うつ病でバイトも就職もうまくいかない、それなら起業しよう、というのは私もそうでしたし、わからないでもないのですが、お客様はあなたが困っているからといってあなたからなにかを買ってくださるほど優しくはありません。そんなお客様はどこにもいないのです。競争相手と同じ商品を出したら負けます。無名のあなたから買う必要がないからです。競争相手よりもちょっといい商品を出しても負けます。ちょっといいと思っているのは、あなただけだからです。誰が見ても、競争相手よりダントツで素晴らしい製品、サービスを出さなければ、あなたは負けます。生き延びることはできません。だからこそ、「まず理解に徹し、そして理解される」ことは大事です。

第六の習慣「シナジーを創り出す」については、正直よくわかりません。私がわかる範囲でいうと、私が運営している塾のスタッフの中には気分が落ち込みやすい人がわりといるのですが、気分が落ち込みやすい人を何人か集めることで、誰かしらは元気に指導できるのです。こういうのをシナジーというのでしょうか？

第七の習慣「刃を研ぐ」。これは私が日々、できればいいなあと思いつつ、できていないことです。たとえば、筋トレとか英語学習とかランニングとかです。恥ずかしいばかりです。


さて、ここまで『7つの習慣』の内容を一通り見てきましたが、『7つの習慣』についてはさきほどのナポレオン・ヒルの本と違い、案外いい内容だということがわかりました。ただ、そうはいっても、うつの人に7つも習慣を与えるのはいくらなんでも多すぎます。

一言でまとめましょう。「人のことを考えて行動しよう」。『7つの習慣』に書かれている内容は、この一言で十分まとめられます。

「金持ち父さん」はうつの人の役に立たない

次はいろんなところによく出てくる『金持ち父さん』シリーズ（ロバート・キヨサキ他著、白根美保子他訳、筑摩書房）の話です。

本に書いてあることは、資本主義社会における一つの真実だとは思うのですが、内容についてはいくらか疑念があります。一つひとつまとめていきたいと思います。

まずは『金持ち父さん』シリーズに書かれている投資の話です。正直、私の率直な感想として、元手が少ない人が、こうした凡庸な投資で老後の心配がないぐらいまで運用資産を増やすのはかなり難しいのではないかと思います。

第一にはこうした凡庸な投資で得られる利回りは、たかが知れているということです。不動産にしても、株式にしても、誰でもできるような投資は、それなりの利回りしか生み出しません。第二に、こうした投資をする際に、元手が少ない人が借金を背負うリスクがあることです。よくわからない人でもできるような投資、なおかつ下振れのリスクがあるものについて、借金してまでやる人のリスク感覚が正直信じられません。うつの人なら間違いなくやらないでしょう。そういう意味では、この本はうつの人の役には立ちません。

うつの人は「夢に日付を」入れてはいけない

どんどんやっていきましょう。次は経営者本の代表格ともいえる『夢に日付を！』（あさ出版）です。著者はワタミの創業者である渡邉《わたなべ》美樹《みき》氏です。入社して間もない女性社員が自殺したことで一躍有名になったあのワタミです。

まず、うつの人にとってよくないのは夢に日付を入れ、その途中経過にも日付を入れることです。これが非常によくない。うつの人は体調が良いときもあれば悪いときもあります。体調が悪いときに、日付通り実行できなかった予定がたくさんあったら病んでしまいます。だから私は、月単位ではなにをやるかの計画は立てますが、あくまでもそれぞれはいつやってもいいという形にしていますし、その月の中で終わらなければ、平気で次の月に持ち越します。

こういうスケジュール管理ができる理由としては、まず、毎月あるいは毎日すべきこと（見積書の発行や顧客対応）のほとんどを自動化していて、少なくともスケジュールを持ち越すことによってお客様に迷惑をかける体制にはなっていないことが挙げられます。

また、固定費が極めて少ない事業をしていることも理由の一つです。たいていの企業は家賃、人件費、広告費、コピー代など、多くのコストを払っているため、予定通りに仕事が進まないとすぐ赤字になります。ただ、私がやっている事業では固定費を極力かからないようにしているので、多少仕事の進捗が遅れても、売上が減ることはあるかもしれませんが、赤字になることはないのです。これは非常に大きいです。

とにかくうつの人の場合は、自分が働きやすい環境を整えることが大事です。事業の仕組みも含めて、徹底的に働きやすい環境を整えることが最優先になります。

高額納税者ランキング1位の人の言葉は役に立つのか？

書店に行くと、ほかにも「〝ツイてるツイてる〟と言えば本当に人生は〝ツイてくる〟」という類いの経営者本もあります。こうした高額納税者番付で歴代1位を獲得し続けたことをアピールしている経営者の書いた本は、うつの人が起業するうえで参考になるのでしょうか？

著作数があまりに多く、YouTubeなどにあがっている講演録も非常に多いので、私自身すべてに目を通したり聞いたりしたわけではないですが、私の個人的な感想としては、すべてを鵜呑《うの》みにするのは危険だと感じました。というのも、時代があまりに違いすぎるからです。少なくとも高額納税者番付で1位を獲得した人が、そのやり方で過去に成功したことは紛れもなく事実だと思うのですが、その人が先駆者だったからこそ成功したわけで、これから同じことを同じようにしても成功するのは難しいのではないかと感じます。

これは事業全般にいえることなのですが、やはり先駆者というのは強いのです。先駆者は無限の可能性があるマーケットで、超過利潤を得ることができます。そもそも新しくできたマーケットであれば、そこで縦横無尽に活躍すれば、ほぼ自社だけで市場を独占することができます。実際そういった形で大成功したのがリクルートホールディングスです。

そうしたビジネスの原理原則を考えると、やはり過去に成功した人を参考にしすぎるのはあまりよくないと思います。少なくとも過去に成功した人と同じことを同じようにすれば成功するというのは、商売の原理原則に反することだと私は考えています。

岡本太郎氏の生き方をうつの人が真似すると……？

では、岡本太郎氏のような奇想天外な芸術家のエッセイは、うつの人の参考になるのでしょうか。これについても、私は疑問に思います。

そもそも岡本太郎氏のような国民的人気がある破天荒なアイコンが成立し得たのは、その当時はテレビや新聞、雑誌などのマスメディアに支配された時代だったからです。浜崎《はまさき》あゆみや宇多田《うただ》ヒカル、モーニング娘《むすめ》。が大流行したのがちょうどその時代の最後でした。そのあとに出てきたＡＫＢ48は、一部のコアな層から支持を受けているだけであることを考えれば、もう岡本太郎氏のような国民的な人気がある破天荒なアイコンは成立し得ないでしょう。そういうふうに考えれば、やはり岡本太郎氏のような生き方を模範にするのは得策ではないと思います。

また、社会的な規範に反した生き方というのは、総じてコストがかかるものです。そのことを考えても、やはり岡本太郎氏のような生き方は、少なくともうつの人には向いていないと思います。

後半でもまた何度か説明しますが、うつの人に向いているのは「清く正しく美しい」心を持って日々精進することです。それが一番生きるうえでのコストが抑えられ、かつ十分に生活の糧が得られる生き方だからです。うつの人は、生きるうえでのコストをそうたくさんはかけられないからこそ、やはり「清く正しく美しく」ある必要があります。

孫正義氏を真似して起業に大失敗

そういう意味でいえば、あのソフトバンクグループの会長兼社長、孫正義氏のような生き方も、やはりうつの人があまり参考にすべきものとはいえないでしょう。これにかんしては、私にも苦い経験があります。みなさんの参考になるかもしれないので、長くなりますが、一通りお話ができればと思います。

私がちょうど大学3年生になる手前の話です。

当時はリーマンショック後で政権交代をしたこともあり、就職状況が非常に悪く、ゼミの先輩たちも就職活動には大変苦戦していました。そんな先輩たちの姿を見て、私は思いました。あれほど立派な先輩たちでも就職活動がうまくいかないのだから、私などはもう絶望的だと。そのとき、私は生命の危機を感じたのです。

そして私は起業することを決意しました。当時参考にしたのは、孫正義氏でした。今にして思えば、一番参考にすべきではない起業家を参考にしてしまったものだと後悔しています。孫正義氏が起業時になにをしたのかなどを相当細かく調べて、同じようなことを別の業界でやろうと試みました。

話が長くなりますが、続けます。孫正義氏は創業時、ソフトハウスと呼ばれたソフトの開発元と、大型電気店とをつなぐ卸の仕事を始めました。ソフトハウスについてはハドソンという当時最大のメーカーと、大型電気店については、上新電機というこれも当時最大の電気店と手を組み起業したのです。つまり、川上から川下まで、それぞれのトッププレーヤーと手を組むことで一気に制したのです。

単純な私は、これと同じことを教育業界でもやろうと思いました。教育業界で川上といえば講師採用業、川下といえば塾です。私は当時、日本で最大級の講師採用業をしていた大手個別指導塾と共同で講師採用ができるようにしました。また、同じく当時日本で最大級のインターネット予備校を経営していた東証一部上場企業とも提携しました。投資家からも資金を集め、絶対にうまくいくと思って、大学生が勉強の質問にいつでもすぐに答える事業を始めました。

ところがこの事業はうまくいきませんでした。うまくいかなかった理由はいろいろあるのですが、やはり一番大きかったのは、私が全方位的に人の気持ち、人情の機微というものをわかっていなかったことです。たとえば、2つの大手企業との提携は、

2つの企業の幹部レベルの方からのご紹介でどちらも実現したものでしたが、現場のスタッフからすれば、うさんくさい大学生がいきなりやってきて職場を荒らし回るのですから、いい思いはしなかったでしょう。

また、私がやっていたサービスについて1人1人のお客様がどう思うかということを、驚くべきことにこのときの私はまったく考え抜いていなかったのです。当然そんなサービスは失敗します。投資家にもご迷惑をおかけすることになり、本当に情けない形でこの事業は幕引きをせざるを得ませんでした。

そして、その次の事業として始めたのが、今の事業なのです。今の事業が軌道に乗り、ご迷惑をおかけした方々にお金を払うことができたのは、不幸中の幸いでした。

こうした失敗経験から私は、**「〝最大の努力〟で〝最小の成果〟を出そう」**と心に決めます。最小の努力で最大の成果を出したとしても、そんなことは長続きしません。多くの人がパクるでしょうし、その結果として、早晩事業は立ち行かなくなります。最大の努力で最大の成果でも同じことです。

このサービスのときもそうでしたが、日本経済新聞に掲載された瞬間に、教育業界のガリバーがまったく同じようなサービスを出しました。このことが、私たちの負けを決定的なものにしました。ここから先の2年は、まさに地獄としかいえない経験をしました。あのときは毎日寝てばかりいたような気がします。私自身のうつ病も、このときは大変悪化しており、どのように生き延びたのか正直あまり覚えていないのです。このときのことが、今の私の考え方に大きな影響を及ぼしていることは、間違いありません。

私の経験談がメインになってしまいましたが、どちらにせよ、孫氏のやり方はうつの人には向いていません。孫氏の経営はいわば大風呂敷を広げて、あとからそれを回収していくようなものです。そういうやり方は、非常に気力も体力も使います。うつ病を患っていない、一般の人でさえ真似するのは困難です。実際、そうできる人が少ないからこそ、孫氏は経営者として大成功しているわけです。なので、私たちが孫氏を真似しても仕方がありません。うつでも起業どころか、症状が悪化して寝たきりになる可能性だってあります。

潔くあきらめましょう。

うつでも起業をめざす人が読むべき本の法則

では、うつでも起業をめざす人はどんな本を参考にすればいいのでしょうか？

数々の失敗を経て、私はある結論にたどり着きました。うつでも起業をめざす人が読むべき本のポイントは次の４つです。

- 著者が経営者本人であること（参考までに孫正義氏が自身で書いた著書は一つもありません）
- 日本で事業を展開していること
- 本に書いてある内容を実際に実践し、成功していること
- 一代で、小規模なビジネスを大規模なビジネスに発展させていること

これらのポイントを満たしている本であれば、うつの人でも参考になります。

次の章から本格的に起業についてお話ししていきますが、うつの人がめざす起業は

基本的にはスモールビジネスです。ですから、スモールビジネスを展開していた経営者の話は非常に参考になります。さらにそこから一代でビッグビジネスに発展させている人の話には、うつ起業を継続させるうえでのヒントが満ちています。

逆にいえば、大きな会社の雇われ社長しかやったことがないような人の本を読んでも、私たちにはほとんど役に立ちません。

最初からできあがっているものを動かすことと、ゼロからビジネスを立ち上げて大きくしていくのとでは、共通点はあれど、本質はまったく別のものだからです。

私が個人的にかなり参考になると思ったのは、我が故郷仙台が生んだアイリスオーヤマの実質的な創業者である大山《おおやま》健太郎《けんたろう》会長の著作です。いくつか出版されていますが、たとえば『いかなる時代環境でも利益を出す仕組み』（日経ＢＰ）です。大山健太郎会長にかんしては、インタビュー記事なども余すことなくすべて読んでいますが、本当に参考になりました。私ごときが大山会長の意見を紹介するのは僭越《せんえつ》ですが、みなさんの参考にもなると思いますので、大山会長の代表的な考え方を紹介します。

まず大山会長の代表的な考え方として知られているのは「ユーザーイン開発」とい

うものです。「プロダクトアウト」でも「マーケットイン」でもなく「ユーザーイン」。この考え方については少し補足説明が必要だと思います。

まず、「プロダクトアウト」というのは、とりあえず作ったものを売ろう、という考え方です。「マーケットイン」というのは、とりあえずこれを作ったら儲かりそうだから作ろう、という「マーケット（市場）」志向の考え方です。

それらに対して「ユーザーイン」というのは、既存製品を使い込んだうえで、不便な点を見つけ、その不便な点を解消することによって製品開発をおこなう考え方です。このように紹介すると、「なんだ、それだけのことか」と思われがちですが、案外このような視点で開発されている商品は少なく、これを徹底するだけで売れる商品が作れるようになります。

ほかにも、京セラの創業者である稲盛《いなもり》和夫《かずお》氏の『生き方』（サンマーク出版）からは、人としての正しい心のあり方が事業の発展には必要不可欠であることを学びました。

実際に「〝最小の努力〟で〝最大の成果〟を出そう」としてテクニック先行型で事業運営をしていると顧客満足度が上がらず、顧客トラブルに見舞われます。

一方で、「〝最大の努力〟で〝最小の成果〟を出そう」という気持ちで事業運営をしていると、顧客満足度が上がり、長期にわたる顧客の利用（たとえば弊社では、大学に合格してからも留学のために英語力を鍛えるなどの目的で、サービスを継続利用してくださるお客様がいます）や顧客の紹介につながります。こうした循環が事業では非常に大事だと学びました。

　こうしたいい循環がちゃんと回っていけば顧客とのトラブルがなくなり、自身の精神が安定します。その結果として、うつ病起業家でも体調が良いときにはがんばれるようになるのです。こうした正の循環はさきほどの「自己啓発本」のようなやり方では、まず生まれないと思います。

　京都にある企業の経営者という共通項でいえば、日本電産の会長、永守《ながもり》重信《しげのぶ》氏の著作『「人を動かす人」になれ！』（三笠書房）からは、コスト管理の重要性を学びました。日本電産では1兆円企業となった今でも、1円単位の経費から社長の決裁を必要とし、5回にわたって値引き交渉を実施するといいます。

　弊社のような学習塾業界では、少なくとも人に対してこういった対応をとることはご法度ですが、たとえば合宿時のジュースの購入などはこの考え方を用いるようにし、細かい経費節減の積み重ねで目標とする利益水準を実現できるようになりました。
またこうした手法を導入してお金がどんどん貯まっていったことで、精神的にも安定し、体調がよくなっていきました。

このように優れた経営者の著作は、やはり何物にも代えがたい価値があります。うつ病が悪化するような、精神論で埋め尽くされた「自己啓発本」や「セミナー」は極力避けましょう。
そして経営の経験にもとづいた本から学んだことを実践に活かすためにはどうすればいいかを、次章以降で学んでいきましょう。

まとめ

- うつの人は「自己啓発本」を読むのはやめよう
- 「自己啓発本」に書いてあることを実行するととにかく疲れる

●うつの人の「思考が実現化」されたら危険
●うつの人に「7つの習慣」は負担が大きい
●うつでも起業がしたい人は、スモールビジネスからビッグビジネスに発展させた経営者が書いた本を読もう

第2章

うつでも生きていける起業の方法を考えよう

うつ病でも「生きていける」起業術とは？

さて、前章では数多《あまた》ある「自己啓発本」「経営者本」の中から、うつの人が生きていくための起業をするうえで、参考になるものと参考にならないものをそれぞれ紹介しました。それを踏まえてこの章からは、参考になる書籍から学んだことを、実際に起業する際にどのように活かすかを考えていきたいと思います。

「完璧主義」のうつの人でもうまくいく方法

多くの方は「起業」という言葉を聞くと、大変なのでは？　という思いを抱かれるようです。実際、日本人は中国や韓国など近隣諸国の人と比べて、あまり軽率に起業しない印象があります。「起業するからには看板はきれいに整えなければ、オフィスや店舗はきれいなところを借りなければ……」。日本人は、そういった類いの「完璧主義」が強いように感じます。特にうつの人のような生真面目な方は、その傾向が強いように思います。

しかし、古今東西、被差別階級が成り上がるには起業しかありません。世界的に見ても、さまざまな差別によって一般企業への就職の道が閉ざされた人々は、起業することによってチャンスを見出してきました。ですから、うつで今後まともに就職できる見込みがないのであれば、まず考えるべきは起業です。

「元気がないから起業なんてできない」という人もいるかもしれません。しかし、そもそも起業してある程度の規模になれば、自分ではなく人に働いてもらえるようになります。起業するということは、自分の仕事に日付を入れることではなく、人の仕事に日付を入れてお願いすることです。ですから、うつ病でも治りかけの時期であれば、事業を回すことは十分可能です。よってこの章では、うつ病の人がどうやって事業を回し、日々の生活の糧を得るのかについてお話ししたいと思います。

まずは「月営業利益10万円」をめざそう

まず、この本で最終的に目的とするのは、**「年売上１２００億円」ではなく「年営業利益１２００万円」**です。つまり「月１００万円」の営業利益です。最初はさらに目標を小さくして、「月営業利益10万円」。のちほど説明しますが、これならAmazonのKindle Direct PublishingやYouTube配信などを利用して現実的に稼げる金額です。

その次は「月営業利益30万円」。これはAmazonのKindle Direct PublishingやYouTube配信、GoogleのＳＥＯ対策をしたうえで独自の商品を売れば可能でしょう。最後は「月営業利益１００万円」。これは独自のサービスを販売したうえで、お客様からどんどん紹介がくると実現できる水準です。

「年売上１２００億円」を目標とするなら、ワタミの会長、渡邉美樹氏の本を読んでいただいたほうが、たぶん役に立つと思います。私は「年売上１２００億円」を実現したことはないですが、渡邉氏は「年売上１２００億円」を実現させたことがあるわけですから。

ただ、「年売上１２００億円」を実現させている起業家について、もうちょっと考えてみましょう。本当にそれは幸せな生き方でしょうか？　精神的に元気な人なら幸せかもしれません。自分の夢のために、銀行も投資家も巻き込んで走っていく。そういう生き方は、精神的に元気でありさえすれば楽しいでしょう。

ですが、うつの人にとってはどうでしょうか？　毎月、銀行の返済期日に追われ、投資家からも突き上げられる生き方が、本当にうつの人にとって理想的でしょうか？

私にはそうは思えません。

うつの人がめざすべきは、やはり第一歩としては、「年売上１２００億円」ではなく「年営業利益１２０万円（月10万円）」。それが達成できたら、「年営業利益３６０万円（月30万円）」。それも達成できたら「年営業利益１２００万円（月１００万円）」だと私は考えます。

もちろん、お客様の需要というものがありますから、儲かった分からどんどん再投資をしていった結果として、「年営業利益１２００万円」以上の営業利益を出すこともあるでしょうけれども、最初にめざすべき目標は「年営業利益１２０万円（月10万円）」「年営業利益３６０万円（月30万円）」「年営業利益１２００万円（月１００万円）」だと私は考えています。

「大成功する起業術」ではなく、「生きていける起業術」

前の章でも触れましたが、やはり大成功する起業家というのは常人には想像もつかないほどのバイタリティーを持っています。彼らのやり方をうつの人がそのまま真似するのは危険です。現に、さきほどお話ししたように、私にも「自分は第二の孫正義だ」と信じ込んで暴走し、2年ほどを棒に振った黒歴史があります。このような悲劇を繰り返さないためにも、うつの人は身の丈を知ったうえで、まず自分でもできそうな起業術を身につける必要があります。

つまり、うつの人に必要なのは**「大成功する起業術」ではなく、「生きていける起業術」**なのです。

では、「生きていける起業術」とは具体的にどのようなものなのでしょうか。

「生きていける起業術」について考えるためには、逆に「どのようにすれば死んでしまうのか」を知る必要があります。

私自身も事業を潰した経験がありますが、やはり事業を潰す経験ほど勉強になるものはないです。あれほどの大失敗はもう二度とやりたくないですが、今でもマーケティング施策がうまくいかないときには、なぜうまくいかないかを考えることが一番の勉強になっています。逆に成功は慢心を生む。いい加減にやった仕事でも、思いのほかお客様に来ていただけたりすると、それは破滅への第一歩となります。

倒産経験といえば、教育業界のガリバーであるベネッセやセンサー業界のガリバーであるキーエンスは、いずれも創業者が倒産経験を持っています。通販化粧品でいうとＤＨＣの創業者なども、５回ほど会社を潰しかけたといいます。こうした企業から学ぶべき点はたくさんあります。

たとえば、キーエンスは年商４０００億円企業ですが、営業利益率は50％以上、完全無借金経営で、正社員の平均年収は１０００万円以上、現金も売上12カ月分を持っています。さきほど紹介したワタミのキャッシュがせいぜい売上１カ月分程度であることを考えれば、いかに堅実な経営をしているかがよくわかると思います。

キーエンスがこのような経営をしているのは、キーエンスの創業者がキーエンス創業前に2度ほど会社を倒産させているからです。そのときの経営経験が、キーエンスの営業利益率設計や、完全無借金経営、それを支える従業員には年収１０００万円以上をもって報いることや、現金を潤沢に持つという考え方につながっています。

「起業に成功する方法」ではなく「起業に失敗しない方法」を考えよう

うつの人がキーエンスの経営手法から学ぶべきことは、「起業に成功する方法」ではなく「起業に失敗しない方法」です。起業に成功している企業は数多ありますが、起業に失敗しない方法を極めている企業はさほど多くありません。では、どうすれば潰れない企業を作ることができるか考えてみましょう。

まず当たり前の話ですが、**借金をしないこと**。これが大事です。倒産というのは、基本的に借金が返せないときに起こりますから、**借金がなければ会社は潰れようがありません。**

また、会社が潰れなかったとしても、稼げなければ永続的に会社を存続させることはできません。ですから、なにはともあれ稼ぐ必要があります。うつの人の場合は、お客様に怒鳴られたりした日には、ガラスのハートが粉々に砕け散ってしまって思わぬ出費を強いられるかもしれません。そういうリスクも考えると、やはり健常者の経営する企業と比較しても、**営業利益率がかなり高い商売をする必要**があります。

ただ、営業利益率が高い商売をするには、高い付加価値を生む必要があるわけですから、やはり優秀な人を雇うことが大事になります。あるいは人を雇う前の段階では、自分自身がなにかの分野で優秀な必要がある。キーエンスぐらいの大企業になれば、とにかく人材への出費を惜しまない、ということもできますが、起業したばかりだとそれは難しい。ただ、少なくとも人を雇う場合には、一緒に働いてくれる仲間への心遣いは惜しまないという姿勢が大事です。また、自分一人で事業をおこなう場合に大事なのは、「自分への心遣いを惜しまない」ことです。うつの人にとっては、これが案外難しい。

そもそも、私も含めてですが、うつの人というのは総じて自傷的だと思います。自分で自分を傷つけるようなところがあるのが、うつの人の特徴です。だから「自分への心遣いを惜しまない」ことが難しくなるし、自分が楽しむことをしないから、必然的に人をどう楽しませたらよいかがわからず、人間関係がうまくいかない。これはよくない循環だと思います。

ですが、やはり自分が楽しまなければ、人を楽しませることはできません。人を楽しませることができないということは、お客様もスタッフも楽しませることができないということです。ですから、まずは自分が楽しむ、そのうえでお客様やスタッフにも楽しい思いをしてもらう、そういう正の循環を回していくことが大事だと思います。

ただ、私自身もそうでしたが、うつになってからしばらくはリフレッシュすることすら難しかったものです。であれば、「楽しむ」とまではいかなくても、少なくとも**どうすれば自分の心の平安が得られるかを考えるべき**です。それがわかれば、お客様やスタッフの心の平安にも寄与できるかもしれません。そうなれば、それも立派なサービスを生み出すキッカケになるはずです。

うつのあなたの強み・弱みはなにか？

この本では便宜上、「うつの人」とひとくくりにしてお話をしていますが、「うつの人」といってもさまざまなタイプがいます。この本で対象にしているうつの人は、

「メランコリー親和型」と呼ばれる性格を持ったうつ病患者です。「新型うつ病」といわれるうつ病の患者さんはここには入っていませんが、うつの人は総じて自傷的なところがあり、もしかしたら自分は新型うつ病かもしれない、と強く思い込んでいる方もいるでしょうから、どのタイプのうつ病の方でも、この本を読んでいただければなにかしら役に立つ部分があると思います。ついでに言うと、私も高校時代はそう思い込んでいた1人でした。

さて、そんな生真面目なうつ病であるあなたの強み、弱みはなにかについて考えましょう。ドラッカーが言うように「人は弱みによってなにかを成し遂げることはできないが、強みによってなにかを成し遂げる」ので、まずは自分自身の強みについて考えることが大事です。そのうえで、自分自身の弱みについても考えましょう。なぜなら自分自身が弱みだと思っていることも、事業を展開していくうえでは、案外強みに変わったりすることがあるからです。

たとえば、偏執狂的に古銭や古切手が好きな人がいたとしましょう。私は正直古いコインや紙幣、切手を見ても、今はなんとも思わないのですが、小学生ぐらいまではそういったものの収集にこれ以上ない熱意を燃やしていました。

実際、少しかじってみたがゆえに、その世界がどれほど奥深いものかがよくわかるのですが、たとえば旧日本軍の軍票など、その当時は紙切れになった紙幣でも、風通しのいいところでピン札のまま保管しておけば100年足らずで相当な価値がつくようになります。紙幣が紙切れになったという事実そのものが後世の人間の購買意欲をそそるのです。このように、多くの人にとって価値がないと思われるようなものが、特定の人にとっては極めて価値の高いものになることはよくあることです。ですから、食べていけるレベルまで特定の沼にハマってみることは、商売をやるうえでは非常に大事なことです。

うつのあなたよりもサボっていそうな人を見つけよう

さて、古銭売買というのはネットビジネスの中では「物販EC」に該当します。物を売るというのは、基本的に誰から買っても同じようなものが買えますから、特段差別化要素がありません。ですから、物販ＥＣは差別化が難しく、目ざとい商売人が出てくるとすぐ競争に負けてしまいます。こうした物販ＥＣは実はうつ病患者向けの商売とは言えません。

大好きなことを仕事にするのに加えて、もう一つ重要になるのが、**サボっている人ばかりの業界を狙う**ことです。驚くべきことに、健常者でも、うつの人より遥《はる》かに仕事ができない人がたくさんいます。具体的に言及すると角が立つので、詳しくは述べませんが、よくよく探せばこういう業界は必ずあります。せっかくの機会ですから、いくつか見分け方を紹介できればと思います。

たとえば、私はよく、紀伊國屋書店新宿本店に行って最上階まで登っていき、そこから棚という棚をすべて見ていきます。気になる本があればどんどん読んでいきます。そうすると、この分野の本はこういう商機があるはずなのに導線を作ってないなとか、この分野の本はこういう解説の仕方があるはずなのにやってないな、手を抜いてるなとか、自分がある程度知識を持っている業界であれば、そういうことがおもしろいほどよくわかります。YouTubeやGoogle検索についても、同じ使い方ができます。

また、電話帳や求人情報誌などもおもしろいです。いろんな業種の会社が掲載されていますが、スマホ片手に一つひとつ検索していくと、どういう業界のユーザー体験が悪いのか、どこにユーザーの不満があるのかが手にとるようにわかります。その中で、ある程度自分が知識を持っている業界であったり、この本で紹介されている基準に沿った業界を探すのがいいでしょう。また、ある程度規格を統一できるのであれば、コピーだけで仕事が成立するという要件を満たせるので、「ゴールドラッシュで一番儲かったのはツルハシを売った商人だった」という言葉を合言葉に、そういった業界向けのWordPressテンプレや動画編集テンプレを売るなどの仕事も十分可能性があるでしょう。

サボっている人はうつのあなたでも倒すことができる

なにはともあれサボっている人を見つけることが大事です。起業する前まではサボっている人を見かけるとイライラしたものですが、起業してからはサボっている人を見ると、嬉《うれ》しくなってしまいます。サボっている人は必ず仕留める。そういう野心みたいなものが、ふつふつと燃え上がってきます。

蛇足になりますが、うつ病というのは自分への殺意を持つ病気です。人間は多かれ少なかれ動物としての要素がありますから、自分が生存するためにはほかの動物なり人間なりを殺していかなければならないという性質があります。人間も含めた多くの動物は、そうした殺意が外に向いていますが、うつ病は脳の伝達物質のバランスを崩してしまうことで、そうした殺意が内に向く病気です。私自身の経験則としては、こういう内に向いた殺意を、外に向いた殺意へと引き戻すことが、自分の回復を支えてくれた部分があります。

私は、起業するまでずっと死にたいと思っていました。ところが、起業したあと、「油断すると会社や事業が潰れる」という事態に直面したとき、生きたいと強く思うようになりました。死にたいと思っていた私が、自分の事業や会社については生き永らえさせたい、できれば永遠の命を得てほしいとさえ思うようになったのです。

このパラダイムシフトが私を救ってくれました。私は15歳のときからうつ病で、現在29歳ですが、私の回復のかなりの部分は、内に向いていた殺意を外の競合他社に向けることができるようになったことにあります。

事実、私は多くの競合他社との戦いに勝ってきました。ここからはどのようにして私が競合他社との戦いに勝ってきたかについてお話しできればと思います。

ライバル会社に勝つための、うつの人ならではの秘策とは？

さて、さきほども述べたように、私は起業してからかなりたくさんの競合他社と戦い、そして勝ってきました。私が覚えているだけでその数は10以上。そのほとんどがどうにか生き延びていた個人塾でした。

私は、同じ業界のライバル会社たちを遥かに凌駕《りようが》するサービスを作ってきた自信がありました。ですから、かなり意識的にその事実が顧客の目に見えるようにさまざまな施策をし、結果的にいくつもの競合企業がこの業界を去っていきました。

最終的に競合他社に勝つうえで、もっとも効果があったのはYouTubeでした。

競合他社が数万～数十万円で提供している動画より、さらにわかりやすい動画をすべて無料でYouTubeに公開したのです。この取り組みをおこなってから、競合他社は合格実績も激減、すっかり停滞してしまい、最終的には校舎を引き払って解散、と相成ったところが複数あります。

起業というのは残念ながらそういう側面もある世界です。ただ、私はそういう優勝劣敗がはっきりしている世界が好きです。そもそも私がうつ病になった原因を考えると、私はわけもわからず周囲に配慮しなければならないような社会が大嫌いで、そのような社会に対する不適応が非常に大きかったためのように思います。その点、商売は私の肌に合いました。完全に実力社会で、勝利も敗北も、すべては自己責任。そういうルールが、私には合っていたのだと思います。

うつ起業で大事なのは「YouTube, Google, Amazon」貯金

そういう厳しい起業の現実の中で、なにはともあれ一番必要なものは「貯金」です。

私は海外旅行が趣味で、コロナ前には年16回も行っていたほどですが、その際、不

動産投資家の友人とカジノに行くことがたびたびありました。私はカジノのルールがわからないので隣で見ているだけなのですが、友人はフライト代と宿泊費ぐらいはカジノで稼げるのです。友人の賭け方を見ていて思ったのは、カジノは起業に似ているということです。

まず、感情的に一発逆転を狙って無謀な賭けをする、これはカジノでは最悪な行動です。**賭けるとしてもコツコツやる**こと、そして流れを見ながら、感情に左右されずに意思決定することが大事です。私は事業をするうえで、この2つには特に気をつけていましたが、業界を去った競合他社などを見ていると、案外この2つができていないところが多かったという印象を受けます。この2つは、現金の「貯金」を守り増やしていくうえでは、とても大事なことです。

また、現金の「貯金」を増やしてくれるのは、現金そのものではありません。現金の「貯金」以上に大切な「貯金」には、「YouTube貯金」「Google貯金」「Amazon貯金」があります。それぞれ説明していきます。

まず、「YouTube貯金」とは、多くの人が長い期間にわたって永続的に見てくれるような動画を、たくさん配信していくことです。これは、言うは易くおこなうは難しの典型で、多くのYouTube動画は、配信したその日は物珍しさでたくさんの人が見に来るのですが、永続的に長い期間にわたって多くの人が見に来るような動画を作るのは至難の業です。本当に意味があることをちゃんと伝えている動画でなければ、多くの人が永続的に見てくれるような動画にはなりません。こういう動画を何十本何百本と配信している業者は、やはり強いです。こうした動画の概要欄から、お客様からのお問い合わせがたくさん来ますので、広告を出さなくても事業を成り立たせることができるようになります。よって「YouTube貯金」を続けていれば、おのずと利益が増え、現金の貯金も増えていくわけです。

次に、「Google貯金」ですが、これは「Dｏクエリ」といわれる、やる気があるお客様が検索しそうなキーワードで、できれば1位、最悪でも3位以内に入っているページをいかにたくさん持っているかというものです。

私が経営している会社は、この「Google貯金」がとても上手にできています。いろいろやり方はあるのですが、基本的には動画のときと同じで、検索順位で1位を相次いで獲得するうえでは、やはりなるべく多くのお客様がなるべく長い時間見てくれているということが重要です。こうしたＷｅｂサイトからもお客様からのお問い合わせがたくさん来ますので、広告を出さなくても事業を成り立たせることができるようになります。

最後に、「Amazon貯金」ですが、これも「Ｄｏクエリ」といわれる、やる気があるお客様が検索しそうなキーワードで、自分たちの会社の本をたくさん出すというものです。

「Amazon貯金」の効果は「YouTube貯金」「Google貯金」と比べても絶大です。なぜなら、YouTubeやGoogleは無料で見ることができますから、問い合わせをする側も気軽にしますが、一方でAmazonの本は基本的には有料です。つまり、Amazonで販売されている本を購入したお客様からの問い合わせは、基本的に1度はお金を払っている方からのものです。ですから、最終的に成約する可能性も非常に高いのです。

1日10分の作業でどうにか生き延びられるようにする

このように現金の「貯金」以上に大切な「貯金」として、「YouTube貯金」「Google貯金」「Amazon貯金」を積み重ね、なにもしなくてもお客様が列をなす、自動化で売上はちゃんと入ってくるという状態を作ったうえで、体調が悪い日は1日10分だけ数字のチェック作業をして、それ以外はすべて寝ているのがうつの人におすすめの起業方法です。

まとめ

- 「大成功」ではなく、「生きていける起業」を目指そう
- 「成功する方法」ではなく、「失敗しない方法」を考えよう
- うつの人は自分よりサボっている人を探そう

- 「YouTube、Google、Amazon」貯金をしよう
- 1日10分の作業で生き延びられるようにしよう

第3章

うつでも参入できる
市場はどこか考えよう

うつの人は衰退産業で起業しよう

さて、第2章では、うつの人が起業するにはどのような点に気をつければいいのか、また、うつ病の具合が悪いときは、毎日10分、多少具合がいいときはそれなりに仕事をすることで、事業を回す方法についてお話ししてきました。

では実際にうつの人が起業しようとしたとき、どういった市場、どういった産業に参入していくのがいいのでしょうか。

第3章では、みなさんがそれを考えていくうえで役に立つ、いくつかのヒントを提示していきたいと思います。

うつの人はどんな産業に参入すればいいのか？　探す方法はいろいろあるのですが、まずは一番わかりやすいところを説明します。

それは〝**衰退産業**〟で**起業すること**です。

「えっ……衰退産業で……これからどんどんダメになっていくのでは？」と思われる方も多いのですが、うつの人の起業において大切なことは、**とにかく有能な競争相手とエンカウントしないこと**です。

健康なのに、うつの人以下の生産性しか上げられないような人しかいないような業界であれば、あなたは必ず勝てます。**横綱に負けるより、幼稚園児に勝ったほうが儲かる**のが商売の世界です。ですから、もうどん詰まりの衰退産業をまずは見つけることが大事です。

私が個人的に参入している業界は、学習塾産業と出版産業です。

学習塾がメインで、出版はサブです。いずれも真っ逆さまに衰退している産業ですが、真っ逆さまに衰退している産業だからこそ素晴らしいのです。まず、優秀な人があまりいませんし、ゆえに生き延びることがとても楽なのです。

ＡＩとかＶＲとかＡＲとかバイオとか、そういう優秀な人がたくさんいそうな業界は生き延びるだけでも大変です。大企業のサラリーマンにしても同じことです。ライバルがしょぼい業界を狙う、まずそれが大事です。

ただ、どうしようもない衰退産業でぜんぜん儲からないのであれば、それはそれで商売としては厳しいところです。ですから、**「周りは衰退産業だと思い込んでいるが、実は急成長産業かもしれない」**業界に乗り込むのが、商売としては一番おいしいです。

このような産業を探すときに私が使うのは、日本と似た他国との比較です。

たとえば塾業界であれば、韓国の塾業界の市場規模は年間2兆円ほどです。日本は年間1兆円ほどであることを考えると、韓国の人口は日本の約2分の1ですから、1人あたりでは韓国人は日本人の4倍塾産業にお金をかけていることになります。韓国がなぜこのようになるかというと、リストラが多く、ネイティブレベルで3カ国語ぐらいできて修士博士まで取っていないと大企業では勤まらないぐらい競争が激しいからなのです。今の政権の政策などを見ていると、日本もそれに近い形にはなると思います。そういう未来を予想できれば、塾産業は案外成長産業だといえます。また、東南アジアなどの中国語圏と英語圏以外の教育産業は、意外と日本よりも成熟していないので、こうしたマーケットに出資するのも将来的には可能性があります。

また、出版業界についていえば、私も「しょぼい出版事業」として、自社で本を20冊ほど刊行しています。Amazon の Kindle Direct Publishingという仕組みができたことで、実質初期費用無料で紙の参考書を出版できるようになりました。また出版事業単体で収益化することは難しくても、出版事業を「書籍というメディアを利用した広告」だと捉えると、本業も合わせて考えればペイすることもあり、書籍の出版にはかなり力を入れています。そもそも、本を買って読んでくださるということは、本質的には、あなたの人生のうちの1時間2時間、あるいはそれ以上をいただいて私の話を聞いてくださるということですので、こんなにありがたいことはありません。

ほかにも、まだ参入していないですが、地方の廃校を利用した幼稚園から高校までの一貫教育事業や、政治への参入、地方メディア（地方新聞・地方テレビ局）への参入など、とにかく私は世間では衰退産業だといわれている事業が大好きです。自分の資本力でできる範囲での展開にはなりますが、日本の衰退産業は競争がゆるく、それなりに儲かることも多いという点で、宝の山だといえます。

「自分の分身が24時間３６５日働いてくれる商売」を見つけよう

さて、ここまでいろいろな衰退産業の話をしてきましたが、私が参入するうえで、**もっとも大切にしている基準は「自分の分身が24時間３６５日働いてくれる商売」**です。

うつの人は真面目ですから、しばしば自分が24時間３６５日働けるような錯覚に陥りがちです。でも、そうじゃないから流れに流れてこの本を読んでいるわけで、もしあなたが24時間３６５日働けるのであれば、こんな本は読んでいないと思います。ですから、「自分は24時間３６５日は働けないのだ」ということを自覚したうえで、うつ病がひどいときにはサボれる商売を選択することが大事です。

私がやっている塾ですと、スタッフはほとんど塾の卒業生です。彼らは私の塾の学習方法で難関大学に合格しており、さらに大学や大学院でも真面目に研究しているわけですから、たいていの場合、もはや私よりも優れた指導をしてくれるのです。

私の塾で一番能力が低いのは私です。そもそも私より能力が低い人はまず雇いません。そういう意味でいえば、彼らが私の代わりに働いてくれているので、私の体調が本当に悪いときは、スタッフにシフトを送るだけで、あとは朝から晩までひたすら横になっていることもできるのです。


また、出版事業やYouTubeでの動画配信、Ｗｅｂサイトでの情報発信にしても同じことです。私は最長一年先のぶんぐらいまで配信するコンテンツをあらかじめ作成しておくので、私の体調がよかろうが悪かろうが、毎日コンテンツが配信され続けます。これがものすごく大事です。はたから見ると、私がすごくがんばっているように見えますが、実は大してがんばっていないからです。

日本人はとかく真面目に働いている人を高く評価する傾向がありますから、とにかく周りから真面目に働いているように「見える」ことが大事です。これは処世術の一つとして覚えておいてください。

人が見向きもしない産業で、人が面倒くさがることをしよう

あとは、商売をするのであれば**「面倒くさいこと」は儲かる可能性が高い**と常々思っています。

私が経営している学習塾は、ありとあらゆる教科の中でも、小論文（早慶上智の）、英語（超難関として知られる慶應SFC英語か早慶上智の英語記述）、AO入試（早慶上智の）に特化して指導をしています。当然のことですが、早慶上智を受ける生徒のレベルは高く、競争も熾烈《しれつ》で、指導はとても面倒くさいです。しかし、指導がとても面倒くさいからこそ、大手の塾が参入できず、生き延びることができているといえます。

また、私が力を入れているYouTubeでの動画配信やGoogleのSEO対策、Amazonでのしょぼい出版事業などもとにかく面倒くさい。ですが面倒くさいからこそ真面目

にやる人が少ない。だからこそ勝てるという側面があります。面倒くさいからこそ儲かるのです。

これは商業の歴史を見ても明らかなことです。たとえば、世界の大富豪として知られるユダヤ系の人々は、当時の聖書解釈では禁止されていた金融業をおこなうことで巨万の富を得ました。金融業というのは端的にいうとお金が不足している人や会社にお金を貸して回収する仕事なわけですからとても面倒くさい。やはり面倒なことは儲かるのです。

「世間の面倒くさい」が「うつの人の面倒くさい」とは限らない

商売で生き延びることができるかどうかを決めるのは、最終的にはこの「面倒なこと」をいかにやり抜けるかにかかっていると思います。商売を始めると気づくのが、競争相手と同じぐらいのサービスではぜんぜん売れないということです。競争相手よりちょっといい（と自分では思っている）サービスでもぜんぜん売れない。競争相手よりも誰が見ても圧倒的にいいサービスでなければ売れないのです。最初は無名なわけですから、無名さを感じさせない高いクオリティーが必然的に大事になります。無名な人から物を買う人はいないからです。

では、うつである我々が、誰が見ても、競争相手より圧倒的に使いやすいサービスを作るためにはどうすればよいでしょうか。それは、**自分が細かい改善点を無数に発見できるぐらい詳しいものはなんなのか**を考えることです。

このとき大事なのは、世間体などを考える必要がないことです。古銭や古コインが好きなのであれば、手持ちのお金をすべて古銭に変える、借金をしてでも集めるような熱狂が必要です。そこまで好きなことがあることがあなたの財産です。それほど詳しい分野であれば、大企業の社員では理解できない差別化要素を無数に見つけることができ、誰が見ても既存の製品よりもいいものを作ることができるでしょう。

大学時代、先輩たちのあいだで「楽単（楽に単位が取れる講義）情報」が多く出回っていましたが、なにが楽でなにがきついかというのは案外人によって違うのだということに驚いたものです。同じように、世間の多くの人にとって面倒くさいことでも、あなたにとっては面倒くさくない、苦ではないことかもしれません。

うつ病の方が、なるべく苦しむことなく生き延びるためには、**世間一般の人にとっては苦痛で仕方ないけれど、自分にとっては楽しいというようなことを、世間体などは無視してさっさと見つけること**、これに尽きます。そしてそれに集中していれば必ずサービスや製品は売れます。

「丁寧じゃないと許せない」うつの人の性格がお金に変わる

今、多くの「自己啓発本」では、「深いことは考えず、とにかくやろう」「夢なんか今すぐ叶《かな》えてしまえばいい」といったような暴論が主張されています。それも一つの意見ではありますが、私はそうは思いません。「とにかくやる」「今すぐ叶える」といったような雑な態度で作られた商品を買うほど世の中の人はバカではないからです。

むしろ私は、**「丁寧じゃないと許せない」という、うつ病の性格特性をあなたには大事にしてほしい**と思います。社会に出ている方はすでにお気づきでしょうが、案外そういう人は少ないのです。

ですから、「丁寧じゃないと許せない」というあなたの性格には、それだけで価値があります。あとは、自分にとってはなにが苦でなにが苦ではないのか、自分はどんな分野についてであれば楽しく遊ぶように仕事ができるのかを考えることです。それだけで生きやすさはかなり増します。起業なんてムリだ……と思っているあなたも、まずはそれを考えることから始めてみましょう。

さて、ここまで、うつの人が起業する場合は、どんな市場や産業がいいのか、どんな商売が向いているのかを見てきました。いよいよ次は具体的なビジネスプランについてお話ししていきます。

まとめ

- うつの人は衰退産業に着目しよう
- 有能な競争相手とエンカウントしないようにしよう
- 自分の分身が24時間365日働いてくれる商売を見つけよう
- 世間の人にとっては面倒だけど、自分にとっては楽しいことを探そう
- 「丁寧じゃないと許せない」性格を大事にしよう

第4章

うつでもできる ビジネスプランを考えよう

うつでも生きていけるビジネスプランとは？

第3章では、具体的にどういった産業や市場に参入していけばいいのかにかんして、いくつかヒントをお話ししました。

いよいよ第4章では、実際にどんなビジネスをすればよいのか、私が選んだ「うつ病でも生きていけるビジネスプラン」についてお話ししたいと思います。

少なくとも2021年の現時点で、月営業利益10万円は確実に狙える、もともとの貯蓄や能力次第では月営業利益30万円や月営業利益100万円も狙っていける現実的なものを選びました。ぜひ参考にしていただければ幸いです。

まず、今までお話ししてきました「うつ病でも生きていけるビジネスの条件」のおさらいです。うつ病の「メランコリー親和型」の性格特性や病状を考えれば、「うつ病でも生きていけるビジネスの条件」というのは自然と定まってきます。

大前提として大事になるのは、**なるべくすべての作業が家の中で完結する、もしくは気分がいいときだけ外に出ればいい**というものです。

私は昨日、仕事で久しぶりに外に出て人と会ったのですが、やはり家で本を書いているのに比べたら、10倍ぐらい疲れます。ですから、なるべく生身の人間に直接会わないでできる仕事を選ぶことが大切になります。

また、**毎日コツコツ働かなくてもいい**という部分も大変重要です。

うつの人は、元気なときとそうでないときがあるわけですから、元気なときは仕事をするものの、そうじゃないときはコンピューターが自動的に売上を処理してくれて、なにもしなくても生活が成り立つということが非常に大事になります。

ほかにも、30代ぐらいの方でしたら、それなりに貯金もあるかもしれないので、お金を払えば、わりと手離れがよくて高い年利回りを実現できるという観点からも選びました。

実際に、年利回り１００％ぐらいは努力次第では可能で、私も自分でやってみて、

（他事業とのシナジーなどを考えているので、その事業単体での利回りは低くなるものの）年利回り50％ぐらい出しているものや、友人がやっていてそれなりに儲かっている事業の応用形を書きました。そのうえ、大企業は性質上、手を出しにくいものを選んだつもりです（大企業にとっては儲けが小さすぎる、政治的に危険すぎるなど）。

以上のような条件に気を使うほか、先行者有利であるという点にも着目しました。基本的には規模の経済が働き、先行者にどんどんフォロワーや顧客などのデータベースが溜まり、あとから追いつくことが難しい事業ですので、長期にわたって安定して稼げる可能性が高いはずです。

高い収益が見込めるAmazonのKindle Direct Publishing

まずは、私が実際にやっていて儲かっている商売の話をします。とかくこの手の本に書いてあるアイディアというのは、実際には著者がやってもいないことであるケースが多いのですが、それは不誠実だと思うので、まず自分がやっていて、確実にこれは労力に比して楽に儲かるというビジネスを、せっかくこの本を買っていただいたのですから、一つご紹介したいと思います。

さきほどから何度か話に出していますが、Amazon の Kindle Direct Publishing を利用したしょぼい出版社、これは儲かります。

儲かる理由はいろいろあるのですが、まず Google をターゲットにした SEO は競争が激しいうえに、SEO 上位にすることそのものが儲けにつながるわけではありません。結局サイトに誘導してもらったうえで、サービスを買ってもらわないといけないので、ハードルが高い。Google で検索している人で物を買おうとして来ている人は少ないわけですから、駅前に店を出すのと同じで、ハマれば儲かりますが、キーワードの選び方がダメだと、大学への通学路に学生が来ない店を出すようなもので、ぜんぜん儲かりません。

また、YouTube についても収益化すれば儲かりますが、収益化までのハードルが高いうえに、収益化しても1再生あたりの収益は微々たるもので、それだけではぜんぜん儲かりません。
その点、Amazon の Kindle Direct Publishingを利用したしょぼい出版社、これは素晴らしい。そもそも目をつけている人が少ないがゆえに競争はゆるいですし、設定次第では1購入あたりの振り込みが１０００円になることもあります。実際、弊社で出している出版物はすべての商品で1購入あたり１０００円以上の振り込みを確保しています。こうした高い収益が可能な理由としては、Amazonはそもそも物を買うためのサイトだということが挙げられます。まずはそれが非常に大きい。Amazonは物を買うために使うサイトですから、ショッピングモールの中に店を出すのと同じで高い収益が見込めるのです。

また、自分で本を書くのが面倒であれば、人に頼んでも構いません。私たちが出している本は、合格体験記5万字＋小論文過去問解説5万字で、小論文過去問解説についてはスタッフに頼んでいる場合もありますが、だいたい東大早慶上智の院卒の人に頼んで、ちゃんとマニュアル通りに書いてもらっても、1文字1円程度が相場です。1冊作るのに5万円で、20冊出しているので、合計１００万円ほど使っている計算になりますが、月4万~5万円は振り込みがあるので、年50万円ほどは入っています。つまり、これだけで年利回り50%になるのです。ただし、実際にはバックエンド商品として自社商品を買っていただいているので、年利回りはもっと高く、おそらく年利回り100％以上は安定して出せています。

月100万円も夢じゃない？

実はこのやり方は塾業界以外にも転用可能です。たとえば、政治系であれば親米↔親中、大きな政府（福祉重視主義）↔小さな政府（警察力、軍事力など最小限の政府機能だけ残してそれ以外を小さくする主義）で座標軸をとって、たとえば「社会的弱者のための市場原理主義」といったような、あまりほかの人が書かないような本を書きます。これも自分で書けなければ、概要だけ音声で吹き込んで、お金がない大学院生などに10万字10万円とか5万円とか3万円とかで頼めばいいのです。驚くほど安い値段で仕事を請け負ってくれるその筋のプロがたくさんいるのが今の日本です。そして、それを売るために発売100日前からYouTubeで毎日動画を更新したり、Twitterで政治系の論客と毎日議論するなどの活動を繰り広げます。これは、まあうつ病で家に引きこもっていてもさほど苦ではないでしょう。実際そういうふうにして時間を潰している人はたくさんいますから。Twitterでの議論だってお金になるのです。

こういったマーケットはマイナー入試の過去問解説とは違い、ほかにも類書があるので印税率の設定などには苦心すると思います。とはいえ、マイナー入試の過去問解説よりはスケールが見込めるので、ここで月10万円程度稼ぐことは実はさほど難しくありません。知名度があがれば講演会やサロンビジネスなどと組み合わせて、月30万円、月100万円の営業利益も十分可能なビジネスではあります。

海外のコンテンツをローカライズする

また、典型的な手法ではありますが、海外にあって日本にはないものを輸入してくるのもおもしろいでしょう。ただし物販はリスクが大きく、誰でもできることから競争が激しいので、どうせ輸入してくるのであれば、サービスやコメディーなど目に見えないものにしたほうがいいです。

ですから、海外のコメディーなどは日々注目しておいたほうがいいと思います。実際、最近竹花貴騎《たけはなたかき》氏というビジネスYouTuberの方が経歴詐称で話題になっていましたが、彼も海外の大富豪YouTuberが言っていることをそのままパクって、発言に信《しん》憑《ぴょう》性を持たせていたのです。

もちろん竹花氏のように虚偽の内容を動画にするのは論外ですが、日本は英語ができない方が多いですから、海外のコンテンツをそのまま持ってくると、多くの人にとって新鮮な感じがするのです。ですから、海外のコンテンツを常にウォッチし続けるのは必要不可欠です。

私が個人的に最近注目しているのは、コメディアンの「サシャ・バロン・コーエン」です。彼はケンブリッジ大学出身のユダヤ系コメディアンで、『ブルーノ』『ボラット』などの映画の製作者兼主演俳優として知られています。基本的には「ドッキリ」を仕掛けることで知られているのですが、最近ではジュリアーニ元ニューヨーク市長にブルガリアの女優を使ってハニートラップを仕掛けたことで、一躍有名になっていました。同じような芸風のものは日本でも可能だと思います。

もちろん、日本の場合、こういった芸風のコメディアンをテレビ局が使いませんから、従来であればなかなか難しかったのですが、今だったらYouTubeがあります。その類いの動画だったら、おそらく普通にテレビ局で流すより、YouTubeのほうが儲かるでしょう。かけた金額以上の再生数収入は見込めるはずです。

マイナー言語の発音矯正システム開発&運用

また、私が日々教育系サービスを使っていてこれは不便だなと思ったものがあります。現在、さまざまな言語を学習するためのアプリが多数出ています。英語にかんしていえば、ありとあらゆるジャンルのものが無数に存在しますが、たとえばELSA Speakというアプリは、アプリに向かって英語で話しかけると、発音の指導をしてくれる発音矯正アプリです。このアプリは英語学習者たちのあいだでとても評価が高いのですが、言語の種類は英語のみです。現在、中国語やタイ語、ベトナム語といった言語のアプリはほとんど存在しません。これらの言語は発音が非常に大切な声調言語ですので、もし発音矯正アプリがあればかなり便利になるはずです。このような日常の不満は、実はお金儲けの大きなヒントになります。

あなたがエンジニアであれば、既存の音声認識APIでも使えるものは山ほどありますから、中国語なりタイ語なりベトナム語なりの発音にかんする本でも買ってきて、さっさと作ってみましょう。とにかく作ってみてから改善することが、一番の近道です。あなたが頭の中で考えている最善は、おそらく顧客にとっての最善ではない。ある程度の品質を担保できているのであれば（ここが重要です。なにをするにしても最低限のクオリティーというものはあり、製品を作ったことのない人はこの部分の想定が一般的にかなり低いように思います）、実際に使ってみてもらってそこから改善したほうがうまくいく可能性が高いです。

あなたがエンジニアじゃなければ、一つの方法としては貯金があるなら年利回りが１００％になるぐらいの金額、まあ10万円かそこらでクラウドワークスかなにかで頼めばいい。もちろん仕様はちゃんと決めないといけないですし、外注というのはなかなか失敗しやすいのですが、10万円であればたとえ失敗してもいい勉強代だと思えます。そして仕様を決めたり、運用をしたりしながら、実践でアプリ開発を学べば、転職先も引く手数多でしょう。もちろん、このやり方は逆ＳＥＯ代行業や登録者１万人保証のYouTube運用代行など、他のビジネスをするうえでも活用できます。

特定業界に特化したネット集客代行業

また、ある種の中毒性があり、一度お客様と契約したら契約し続けている限りお金が入る商売としては「ネット集客代行業」があります。ネット集客代行業とは、簡単にいえば、インターネット上のさまざまな媒体を駆使して、依頼者のためにお客様をつれてくる仕事ですね。私自身もGoogleとYahoo!の広告費として過去数千万円ほど使いました。それほどまでに、集客というのは自営業者の最大の悩みなのです。ですから、あなたと契約している自営業者は、あなたとの契約は二度と切ることができません。一度集客に成功したら、あなたはその土地のヤクザのような形で、毎月みかじめ料がもらえるようになるのです。

この本を読み終える頃には、Google、YouTube、Amazon、アプリマーケットでのマーケティングの手法については、あなたもずいぶん詳しくなっているはずです。その知見を使ってネット集客代行業をやれば、人のお金でさらに儲けられるわけですが、とはいえ「集客」とYouTubeで検索してみると、この本の冒頭で述べた「早起きセミナー」のおっちゃんが大量に出てきます。こんなところにもいたのか「早起きセミナー」。

というわけで、早起きおじさんと戦って勝てる気がしない、早起きが無理なあなたには別の戦い方が必要です。

一つは戦う場所をずらすということです。たとえば私も実際にやっていますが、在日外国人向け、あるいは外国人向けにターゲットをずらしてみる。日本人向けだと10億円のマーケットがあって競争相手が100社ある、でも、在日外国人向け、あるいは外国人向けなら1億円のマーケットしかないけれど、競争相手は1社しかないのであれば、後者のほうが儲かる可能性は高いのです。このあたりをターゲットに、外国人を雇ってマーケティングをしてみるのもいいでしょう。あとはこれと同じ条件を応用して、あなたが詳しい特定のニッチな業界に特化するのもありだと思います。

コロナ禍だから儲かる倒産品EC販売業

これはそんなに長続きする仕事ではないと思いますが、八王子や山梨、神奈川の山奥、千葉の山奥、埼玉の山奥あたりに広い一戸建てを10万円ぐらいで借りて、一都四県をトラックで回りながら、倒産品を回収してメルカリで売りさばくのも、これから

1年ぐらいはいい商売だと思います。コロナ禍で倒産が相次ぎますから、ここは狙い時です。

私も事業を潰したことがあるので身をもって経験していますが、倒産時というのは中古品買取業にとっては、最高のタイミングです。なにせすでに社長は夜逃げしていない、従業員は給料をもらってないから、会社へのロイヤリティーがない、だから裏門から入って従業員と仲良くなれば驚くほどの安値で在庫が買えます。タダ同然といってもいい。そのお金がどこに行くかは定かではありませんが、そんなことは私の知ったことではありません。そもそも社長がすでにいないわけですし、会計もめちゃくちゃですからもうどうしようもない。

そして、ここで取りあげた商売すべてにいえることですが、基本的に「先生」「買取業」のように、自分の立場が強い商売です。ですから待ち合わせ時間帯なども自分で自由に決められるし、仕事したいときに仕事ができる。さらにはうまく仕組み化すれば、自分は人と会わなくても済むようになります。

YouTubeで次に来るのは「マイナー言語×発音矯正」

もともとYouTubeで稼ぐ方法として、教育業界だと語学系のコンテンツをアップして、語学教室などに誘導する方法があり、実際多くの方が実践していました。たとえば韓国語であれば、中国の丹東《たんとう》、日本語であればタイか沖縄、英語であればフィリピンといったように、安い価格でその言語の話者を雇える地域に事務所を構え、YouTubeや広告などで集客して利益を上げる企業は10年ほど前から結構あったのです。

ただ、最近ではネット英会話やネット中国語だけでは飽き足らない人が、より高度な指導を求めるようになってきました。

そうした時代の流れの中で、一気にチャンネル登録者数を伸ばしたのは「だいじろー Daijiro」というYouTuberです。英語の発音矯正のトレーナーが本業の方で、有料で発音矯正をしていますが、お客様は途切れず、いまや体験指導はストップしているほどの人気ぶりです。

こうした流れを見る限りでは、今後、中国語やタイ語などのマイナー言語でも、発音矯正トレーナーの需要はどんどん生まれてくるでしょう。さきほどのアプリ開発のくだりでもお話しした通り、英語の発音矯正アプリは大人気ですが、こうした発音矯正アプリの弱点としては、やはり進捗管理が弱い。しかし、人が介在することで、「あの人気YouTuberと約束したんだから！」というプレッシャーが一種のモチベーションになって、勉強がどんどん進みます。ですから、今からだいじろーさんに英語発音矯正で勝つことはできないと思いますが、タイ語やベトナム語、韓国語や中国語といった他言語の発音矯正であれば十分勝てる余地はあります。

「いや……私、タイ語やベトナム語、韓国語や中国語、まったくできないんだけど……」

というあなたもご安心ください。この本を読んでいるあなたは（たぶん）日本語の発音うまいじゃないですか！　それも立派な財産です。日本で教育を受けていれば、最低限の英語はできると思いますので、今日から英語、もしくは日本語で日本語発音改善の動画をYouTubeで出しまくりましょう。海外に住んでいる日本人富裕層で、子供の日本語発音がよくないことを心配されている親御さんは案外多いのです。ここに商売の芽があります。

ブランド力で本場料理系ビジネスを展開する

また、本場料理系のYouTuberも人気ですね。本場料理系のYouTuberは、食材などのAmazonアフィリエイトやレシピ集などの出版をAmazonのKindle Direct Publishingでおこなうこともでき、収益源がたくさんあることもいいと思います。

あなたが外国の本場の料理を調理できるのであればそれはそれでおもしろいと思い

ますが、あなたが根っからの日本人で日本食しか作れないとしても、英語や中国語、韓国語など片言でもいいから発信できれば、それだけでずいぶん違うと思います。なにせ食事というのは自炊していれば１日３食は作るわけで、単純に考えれば年１０００回近くも動画配信できるのです。TwitterやInstagramとも連携できるので拡散力も高い。人間の本質的な欲望に訴求しているぶん、やはり「食」についてのビジネスには可能性があります。

ただ、実際飲食店をやるとなると、うつの人には荷が重い。そこで考えられるやり方としては、現在はコロナ禍なのでなかなかうまくいかない部分もあるかもしれませんが、国内外で土日だけケータリングサービスをやるなどの方法があります。つまり、土日あるいは日曜日だけ働いて、そこで１週間分以上の利益を稼いでしまうという方法です。これであれば、体調が悪くてもできる可能性があります。

そのときに大事なのは、やはりあの有名な○○さんが、というブランド力です。
まだなにも生み出したことのない人がそんなブランド力なんて持っているわけない、

と思いますか？　ここまで読んでいただいたみなさんなら、もうおわかりかもしれません。そうしたブランド力は、今ならYouTubeやInstagram、Twitterなどを使って生み出すことができるんです。たとえフォロワー数がそれほど伸びなくても、毎日アップしている（実際にはまとめて収録して一つひとつアップしているだけなのですが）人に頼める安心感というのはあります。

それに、人のニーズというのは人それぞれに違う。私は料理がうまくないから……と尻込みする人もいますが、たとえ料理が下手でも、愛嬌《あいきょう》がある人に料理を作ってもらって一緒に食べてほしいというニーズもあるし、案外そこに相当高額な金銭を払う人も、また多いのです。人の数だけ、人それぞれの物語があります。

「沼」を刺激するYouTube動画

私は個人的な副業としてAmazonアフィリエイトもやっていますが、Twitterで好きな本を紹介する程度の使い方をしていても、毎月数千円は入ってきます。

Amazonアフィリエイトで紹介したものを追っていくと、意外と数十万円ぐらいするような高額商品でも、買う人はAmazonで買うのです。そうすると一気に数千円ぐらいの副収入が手に入る。これが積み重なれば案外悪くない収入になります。

もちろん、自分自身で数十万円するものを購入して動画で紹介するのもいいのですが、それが頻繁にできる人はそういないでしょう。しかし、たとえば親戚に釣具屋やカメラ屋、自動車屋がいたらどうでしょう。案外これらの業界でYouTube活用に強い会社というのはそうそうないですから、なにかしら分野を決めて特化すれば、あなたにもかなりのアフィリエイト報酬が入ってくる可能性があります。またキャバ嬢やホストをしている方であれば、ワインやシャンパンについても同じことがいえるでしょう。とにかく、他人の土俵をうまく使いながら勝負するのが最初のうちは大切です。

「自分が当たり前だと思っていること」をお金に換える

あとは、最近読んでいてわりと記憶に残ったのが、「女子アナと仲良くなる方法」のようなノウハウ販売です。実際に局アナの方が書かれていたnoteでしたが、こうしたノウハウの販売は**「自分が当たり前だと思っていること」がお金に換わるという点では、非常に魅力的な商売**だと思います。

もちろん、やりすぎて高額な情報商材や、それに付随する詐欺まがいの塾やオンラインサロンのようになってはいけないですが、あなたが「当たり前だ」と思っていることは、案外誰かが喉から手が出るほどほしい情報だったりします。自分が持っている経験知識をもう一度棚卸ししてみて、売れるノウハウがないかを考えてみることが大事です。

「タダ同然」で手に入るものをストーリー込みで売る

また、最近私が知ったYouTuberの中でこれは参考になるなと思ったのは、関東郊外のパチンコ店を買い取り、経営している男性のYouTuberです。彼はパチンコ店を買い取り、ゼロから開店するまでのその様子を動画で公開しています。無事開店させたあとも、パチンコ店経営の赤裸々な日々を動画に収めて、そのストーリーと、店長の親しみやすい人柄に人気が集まっているのです。

パチンコが好きな人は、近所の店だけではなく、平気で県をまたいで遠征しに行きます。ですから、動画を見て店長や店に愛着を持ったお客さんは、かなり遠方からでもやってきて、パチンコを打っていくわけです。

特に人口が多い関東圏でパチンコ屋を経営しているのであれば、こういったYouTubeを公開して集客するのはかなり賢い戦術だと思いました。

また、パチンコ店は典型的な完全競争市場です。台も各店似たようなものを入れますから、あとは出玉をどこで出すかぐらいしか差別化要因がない。それさえも最近では規制が厳しく、かなり射幸性が薄れてきているのが現状です。そのように考えたときに、やはりパチンコ店のような業界では、特に大資本に太刀打ちするには、店主がどのような気持ちで経営しているかを押し出すしかありません。またスタッフとのほのぼのとした感じを出すことで、行ってみたいと思わせることも有効です。

もちろん、うつの人の場合は、パチンコ店のような、経営するうえでのストレスが大変多い商売はおすすめしません。ただ、このYouTuberの戦略をほかの商品を売るときに参考にすることはできると思います。

特に、タダ同然で手に入るものにも、こうしたストーリーがあれば新しい付加価値を付けて売ることができます。このあとの章で詳しく説明しますが、うつの人が起業する場合、当然お金はかけられません。その意味でも、もし商品がタダ同然で手に入るのであれば、こうした物販方法も選択肢に入ってくると思います。

「こんなみすぼらしい自分」だからこそヒットする

「こんなみすぼらしい自分に注目してくれる人なんていないよ……」
多くの人はそう言います。しかし、本当にそうでしょうか。注目してくれる人がいないのだとしたら、それはあなたがみすぼらしいからではなく、あなたがみすぼらしい自分をさらけ出すのが嫌で、「ふつう」「凡庸」の枠に収まっているからではないでしょうか。

実際、みすぼらしくてもうまくいっているYouTuberはたくさんいます。たとえば、70代のYouTuberが大きな反響を集めるというのは、日本のみならず韓国でも見られる現象です。また、無職であることや、限界自営業であることをネタにして人気を集めているYouTuberも多くいます。実際、私も「限界フリーランスアイリちゃん」という当時はお金がなかったYouTuberをよく見たら美人だったので、さっそく連絡して私の塾の動画に出てもらいました。いまや私の塾の動画で一番人気なのはこのアイリちゃんの動画です。「限界フリーランスアイリちゃん」はこれでいくらかのお金を稼ぎ、今では六本木の「Ｂａｒ三代目」というお店で店長をしています。もしよかったらぜひ訪ねてみてください。実物を見たらYouTubeで見るよりもさらに美人ですから。

寝込んでいてもお客様が集まり続けるのはなぜか？

エーリッヒ・フロムという有名な学者が、かつて『自由からの逃走』（東京創元社）という本の中で、なぜナチスがあれほどまでに強大な権力を手にしたのかを題材にしてこのような言葉を残しました。

「人は力の正しさに魅了されるのではない。力の強さに魅了されるのだ」

これは商売全般に対して示唆のある言葉だと私は思います。

たとえば、あなたがふつうの人と同じぐらいしか料理ができなかった、あるいは大した料理を食べていなかったとして、誰が料理がうまくて、誰が料理が下手かわかるでしょうか？　あなたがふつうの人と同じぐらいしかエステの施術ができない、あるいはエステに行ったことがないとして、誰が施術がうまくて、誰が下手かわかるでしょうか？　正直わからないと思います。

そのとき、人はなにをもってしてその料理のおいしさを判断するのか、そのエステの施術のうまさを判断するのか。

それは雰囲気です。とりあえず有名、とりあえずすごそう、とりあえず立派そうであれば、特に自分がお金を払った相手であれば、多少荒唐無稽なところがあっても信じてしまうのが人間の心理です。

ですから、**商売を始めるときにまずすべきことは、その界隈で有名になることです。有名になる、といっても、全国的に有名になる必要はありません。あくまでもそのサービスを受けたいと思っている人が、Googleで検索しても、Yahoo!で検索しても、**

YouTubeで検索しても、Twitterで検索しても、Amazonで検索しても、必ずあなたの顔が出てくるようにする。これが大事です。まずはこの状態を実現することです。

そうすれば、寝込んでいてもあなたにはお客様が集まり続けます。

ただの料理人、ただのエステティシャンでもいいんです。有名でありさえすればいい。質の良し悪しなんて上位１割以外の人にはわからないわけですから、まずは有名になることが大事です。

そのうえで、自分１人だと事業が回せないぐらいまで売れてきたら、お客様の担当をほかのスタッフに任せる必要があります。そのときにクレームが出ないようにするには、圧倒的に質がいいスタッフを育成する必要があります。そうなったら圧倒的に上質な施術や料理を教える必要があります。ですから私の塾では、競合他社と比べても、圧倒的に量が多く、質のいい教材を開発しています。

動画で「安心感」を演出する修理代行業

また、差別化が少ない業界で勝ち抜くための「安心感」を、YouTubeチャンネルは提供してくれます。
たとえば、iPhoneの画面が割れて修理に出すとき、あなたは誰に頼むでしょうか？　大切なスマートフォンをよくわからない会社に頼んで壊されたら、直らなかったら、悔やんでも悔やみ切れません。当然、この人なら確実に直してくれる、と思える人に頼むでしょう。

この人なら確実に直してくれる、という評価の根拠になるのは、「数」です。ですから、あなたがもしiPhone修理代行業をしているのだとしたら、それこそありとあらゆる型番のiPhoneを修理すると思うのですが、すべての修理工程を必ず撮影しておくべきです。それを型番付きでYouTubeで配信し、お客様にもお送りする。それだけで、修理のときになにか壊れなかったかというお客様の心配を相当数取り除くことができますし、誠実な業者だという信頼感を得ることができます。もしかしたら感動して友達に紹介してくれるかもしれません（弊塾ではすべての動画授業を無料で公開していますが、そうすると友達にそれを紹介して、そこから友達も含めてご入会いただくことがよくあります)。

iPhone以外のどんなスマートフォンでも、ＰＣ、自動車などの修理でも、必ず修理工程を撮影し、型番付きで動画アップするようにしてください。それだけで一つひとつの動画の再生回数は少なくても、あなたのもとには津波のようにお客様が来るようになります。なぜなら、その型番を検索したときに出てきたのがあなたの動画だけだったら、動画の再生回数が少なかろうがあなたに頼むしかない、あなたに頼もうと思うからです。自分が持っているのとまったく同じスマートフォン、ＰＣ、自動車で、まったく同じエラーが出ているものを直せる人がいるなら、その人に頼むに決まっています。

このやり方を、ロングテール理論といいます。**最初のうちはわずかなニーズでも、とにかくそのわずかなニーズを、どぶさらいのようにすべて取っていく。その中で強い会社にどんどん勝っていく**というやり方です。このやり方は案外バカにできません。小さなＮｏ・１を集めたら大きなＮｏ・１になるからです。大きな会社の正社員は、めったなことでは会社が潰れませんからこんな面倒なことはしません。だからこそ、それをやりきることで勝ち筋が見つかるのです。そしてある程度回るようになれば、あとはスタッフに同じことを任せてもうまく回るようになります。

ロングテール理論が使えるビジネスが強い理由

ロングテール理論が使えるビジネスはほかにも数多ありますが、代表的なものとしては決算分析（企業分析）や音楽、イラスト、絵画などがあります。それぞれどんなふうにビジネスにつなげていくか考えていきましょう。

まず決算分析（企業分析）YouTuberについてですが、これはどのような形でやっても成功しないわけがないと思います。なぜなら、日本国内の上場企業だけでも約4000社、海外も含めると4万社ありますし、それぞれに対して動画なりWebページなり書籍なりを作れば、一定数の集客は必ず見込めるからです。

また、日本国内の産業が今後衰退していくことが予想されるため、海外企業に投資したいというニーズは極めて大きいにもかかわらず、海外企業の情報というのはとかく調べにくい。このビジネスは、英語や中国語、韓国語に堪能な人や、あるいは決算情報などを持ってきて、現地情報の機械翻訳なども含めて日本語で機械的に分析できるプログラムを作れる人にはチャンスがあります。

また、決算分析（企業分析）YouTuberの場合、もっとも有力な収益源は、オーダーメイドで頼まれる企業分析でしょう。たとえば海外企業の買収を検討している会社であれば、10万字のプログラムによって作成されたレポートでは物足りず100万字のレポートがほしいかもしれない。そういうニーズであれば1文字1円などというケチくさい金額ではなく、1文字10円で1000万円、ある程度信用されるようになったら、1文字100円で1億円というオーダーだって十分ありえるでしょう。

また、音楽や絵画の世界も、同じようにロングテール理論による集客と、オーダーメイドによる高単価受注が狙える世界です。

たとえば音楽であれば、クラシック音楽は無数にあります。それらを演奏した動画を載せたうえで、情感あふれる演奏やアレンジを気に入ってもらえれば、クラシック音楽を愛好している層は富裕層が多いですから、なにかオリジナルの楽曲の提供を求められるかもしれません。この手のニーズであれば、本当に気に入ってもらえているのであれば、ほぼ言い値で通ると思います。

絵画も同じです。絵画であれば模倣画というおもしろいジャンルがあり、私も行ったことがありますが、中国の深圳《しんせん》・ダーフェン油画村に行くと黙々とゴッホなどの模倣画を製作している画家が８０００人ほどいます。彼らと契約して一つひとつの作画風景を動画にさせてもらいながら、それを全世界に配信しつつ、気に入った画風の模倣画家に、世界の有名画家の画風で自画像を描いてもらうビジネスなどはかなり可能性があると思います。コロナ禍でかなり難しくなってしまいましたが、渡航が再開されたらぜひやってみたいビジネスです。

ここまで、うつ病の人でもできるビジネスプランについていくつか紹介してきましたが、ここで取りあげた例に限らず、うつ病の人でもできるビジネスプランは数多あると私は考えています。こうしたビジネスプランを見つけるうえで大切なことは、**観察すること**です。コンビニでもスーパーでもいいですが、どのような商品が売れているか（広く棚を専有しているか）、そのパッケージはIllustratorやPhotoshopでどのように作られているか、どんなキャッチフレーズか、どんな機能を売っているのか、どんな価値を売っているのか、どんな成分か、時系列で見ていくとどんなトレンドがあるのか、こうしたことを考えるだけで、ただコンビニに行くだけの行動が儲かる行動に変わります。こうした日々の習慣がうつ病の人でもできるビジネスプランを見つけることにつながります。適度にがんばりましょう。

まとめ

- うつの人は「なるべくすべての作業が家の中で完結する」仕事を探そう
- 毎日コツコツ働かなくていいビジネスを見つけよう
- Amazon, Google, YouTubeを活用しよう
- ニッチなニーズや不満を見つけよう

- 「自分が当たり前だと思っていること」で稼ごう
- その界隈で有名になろう
- 日々観察してみよう

第5章

払ってはいけないお金を考えよう

うつの人が払ってはいけない10のお金

さて、ここまではうつ病でも生きていくための起業術について、概要的な部分をざっくりと話してきました。ここからは、具体的な経費の使い方、モチベーション管理の方法、戦略論、自分も含めたスタッフマネジメント、過去の事例、社会全体から見たときの姿についてなどから、それぞれうつ病起業を立体的に見ていくことで、うつ病起業についてさらに考えを深めていければと思います。

この章では、まずうつ病起業における経費の使い方についてお話しします。ぜひ参考にしていただければと思います。

うつの人は「家賃」を払ってはいけない

まず、うつの人が起業するうえで気をつけなければならないのは、とにかく固定費を削ることです。

なぜ固定費を削らなければならないかというと、うつの人は元気なときと元気がないときがありますから、どうしても仕事の進捗が予定よりも遅れがちです。そうすると、固定費がどんどん出ていくビジネスをやっていた場合には、支出は予定通りに出ていくものの、収入は予定通りには入ってこないということになり、早晩倒産してしまいます。だからこそ、うつの人が起業する際には固定費をとにかく削ることが大事なのです。

まず考えられる固定費としては、やはり「家賃」が非常に大きい。スタッフは会社に見切りをつければ自分から辞めていきますが、物件はそうもいきません。最初から分不相応な物件を借りていると、あなたは物件のために働いているような気分にさえなることでしょう。ですから家賃は極力削らなければなりません。私の場合は、売上が月１００万円を超えるまでは月３万円のアパートに住んでいましたし、それ以降も、**家賃比率は極力月売上の３％以内に収まるよう**に気をつけています。予定していた収支が狂っても、**家賃が月売上の５％以上にはならないよう**に気をつけています。

　自分が住んでいる家にさえこのようなコスト感覚を持っていますから、実店舗を持つなどというのは、私のうつ病起業では論外です。そもそも、実店舗を持つのは今日《こんにち》の起業シーンを考えたときに、特に東京近辺では必ずしもいい選択肢ではないと思います。少なくとも一都三県（東京、神奈川、千葉、埼玉）であれば、あなたが思いつく程度のビジネスの実店舗は、だいたいどこの街にもあります。そうした店舗がすでに地域に根付き、収益を上げていきます。その中で、あなたの店舗が勝ち進んでいくのは、非常に難しいことでしょう。ですから、実店舗経営はあまりおすすめしません。

チャンスがあるのは、インターネットを使って極めてマニアックな需要に対応する商売です。そういったこまごまとしたマニアックなニーズには、場所が制約される実店舗では応えられません。だからこそインターネットビジネスにチャンスがあるのです。

うつの人は「広告費」を払ってはいけない

次に、うつの人が払ってはいけないものとして「広告費」があります。これも払ってはいけない理由はさきほどと同じで、支出は１００％予定通りに推移しますが、収入は必ずしも１００％予定通りには推移しないからです。また、体調が良いときと悪いときがあるうつ病患者の性質を考えると、確実にお金が出ていく広告費投資は、なおのこと控えるべきです。

さきほどもお話ししましたが、私は今までGoogle広告とYahoo!広告を合わせると数千万円程度広告出稿しています。一度使ったことがある方ならご存じだと思いますが、Google広告にせよ、Yahoo!広告にせよ、広告出稿者によりお金を使わせるためのワナに満ちあふれています。競争相手のほうが広告費をもっと出していますよ、という煽《あお》りがあったり、不必要なキーワードにまで広告を出稿させることで、確実に当初の予算以上の広告費を使わせるような仕組みができあがっていたりするのです。そういった仕組みを考えると、なおのこと広告は出すべきではありません。実際に私は２０２０年6月から一切の広告出稿をストップしましたが、売上は変わらず、それ以外の経費改善も含めて営業利益は3倍、半年で貯金は2倍以上になりました。

ほかにも、広告を出すべきではない理由は数多あります。一通り紹介していきましょう。

第一に挙げられるのが、そもそも検索連動型広告の費用対効果が年々少なくなってきていることです。たとえば、あなたが旅行に行くとして、今なにを使って旅行先の情報を調べるでしょうか？　検索エンジンで調べようと思って見てみたら、実際には旅行に行ったこともない人が書いた記事が出てきてひどい目にあったことはないでしょうか？　こうした経験が私にもあり、個人的には旅行先の情報は必ずYouTubeで調べるようにしています。YouTubeであれば動画が出ていますから、旅行先に行ったこともない人がコンテンツを作っている可能性が少ないからです。こういう事情もあり、いまやリテラシーが高い若いユーザーは検索エンジンを使わなくなってきているという事情があります。

また、これも個人的な経験ですが、広告を出していると、正直、サービスのクオリティーが疑わしくても一定数のお客様は集まるのです。これが非常によくない。**サービスの質が上がらないまま、お金は貯まらないまま、ずるずる生き永らえて、このままでいいのだと自己正当化してしまう**からです。また、広告を使って事業を拡大させようとすると、祖業ではそれなりにうまくいくのですが、新規参入をするときに、広告を出しては失敗して撤退することを繰り返すことになり、結局は事業がぜんぜん拡大していきませんし、お金も貯まりません。私自身も、このジレンマにしばらく苦しんでいた時期があるのでよくわかります。事業が拡大しないのはともかくとして、お金が貯まらないのは本当によくない。うつの人はいつ仕事ができなくなるかわかりませんから、やはりある程度どんどん貯金をしていくことが大事だからです。なおかつ、コンテンツをどんどん作って、コンテンツがどんどん貯まっていって、知らず知らずのうちに業容が拡大していけばもっといいと思います。

広告も出さず、ほかになにもアプローチをしなければお客様は来ないわけですから、起業家は危機感を覚えます。あとで詳しく述べますが、私はモチベーションを軸に物事を進めていくやり方には懐疑的です。やはりうつの人の性格的特徴というのは、極度の心配性、落ち込みやすさなわけですから、こうした短所のようにも思える長所を有効活用して、危機感を覚えたら元気なときはどんどんコンテンツを作り、その結果としてお客様が来るような仕組み作りをしていくのが大切だと考えます。

うつの人は「人件費」を払ってはいけない

また、事業がさほど大きくなっていないうち（月営業利益が１００万円を超える前）からやたらめったら人に仕事を頼むのも考えものです。私自身も体調が良い日もあれば悪い日もあり、事業をもう少し拡《ひろ》げたいと思ったときに、安易に人に仕事を頼むところがありましたが、**少なくとも市場を開拓していく段階の仕事では、自分よりもその仕事ができる人というのはめったにいない**と思います。

これは能力の問題ではなく、やはり身銭を切っているという当事者性による部分が大きいでしょう。今までも、人に新規市場の開拓に向けての仕事をお願いしたことがありますが、満足するようなクオリティーの仕事をしてもらったためしがありません。少なくとも、新規開拓段階では自分が元気なときに作業して進めていくのが一番だと思います。

一方で、すでにお客様がどんどん入ってきている、売上が上がっている段階では、売上を処理するためにスタッフを雇うのはいいことだと思います。ただ、ここで問題になるのは、仕事が安定し続けるかどうかということです。ですから正社員は雇わずに、なるべくバイトを中心として回していき、もう少し売上が上がってきたら、バイトの中から幹部候補を登用することを考えるのがいいと思います。あとは後半でも書きますが、なるべくうつ病の方を中心に雇ったほうがいいと思います。

せっかくの機会なので、ここで安定した売上を上げ続け、安定して雇用し続けることについて考えてみましょう。

まず、安定した売上を上げ続ける方法として、最近注目されている、というか猫も杓子《しゃくし》も手を出しているのがBtoB向けのSaaS（業務支援システム）の開発です。ただ、私はこうした流れにはわりと懐疑的です。少なくともうつの人の起業においては、取引先を分散しにくく、かつ1度のミスが命取りになるBtoB向けの商売よりも、取引先が0・x％単位で分散でき、ミスはもちろんあってはならないですが、仮にあってもさほど命取りにはならないBtoC向けの商売をしたほうがいいように思います。

また、うつの人が起業する場合、という仮説を抜きにしても、BtoB向けのSaaSの開発の先行きについても懐疑的です。サブスクリプション（月額課金モデル）だから安定した収益が見込めるというのはあくまでも供給側の都合であり、ユーザー側からしたらいらないサービスはどんどん切っていく運命にあるからです。もちろん、サブスクリプションで永続的に利用できるサービスが最終的にめざすべき形ではありますが、最初からそれに囚《とら》われすぎると、あるべき顧客満足度を達成できないのではないかと思います。

私の事業の場合だと、利用者は3カ月〜数年程度で志望校に合格して解約しますが、動画や書籍、テキストなどのコンテンツは半ば永続的に顧客を集めてくれますし、合格者からのご紹介で来ていただくお客様も多くいます。また、以前作ったコンテンツは残ったうえで、新しいコンテンツをどんどん作っていきますから、グラフとしては継続率が高いサブスクリプション事業と同じような業績推移になるはずです。**基本的に起業ではみんながいいと言っている風潮は疑い、自分の頭で最善に近い状態を実現したほうが、精神衛生上いい**のではないかと思います。

うつの人は「コピー機」を借りてはいけない

学習塾経営についてお話しするときに、多くの方が驚かれるのは、**コピー機のコス**

トが売上の10%程度になることがあることです。塵《ちり》も積もれば山となるで、意外とこういうコストはバカにならないのです。ですから、コピー機を借りてはいけない。双極性障害、いわゆる躁《そう》うつ病の人もいると思いますが、そういう方もコピー機を借りてはいけない。コピー機を使いたければ、コンビニで1枚10円払ってその都度使いましょう。そうすれば、自然とコスト感覚が磨かれます。

さきほども紹介したように、現在ベンチャー業界ではBtoB向けのSaaSの開発が流行しています。これは、とりあえず開発すれば月額課金モデルで回収できるということで、猫も杓子もSaaS開発というのが最近のベンチャー業界のお寒い現状です。たぶん疲れてタクシーとかに乗ると、この手の会社の広告が死ぬほど出てきますが、導入する必要はまったくありません。なくてもどうにかなるからです。

営業利益が月１００万円出るまでは、この手のサービスは一切導入する必要はないですし、それぐらいの規模になったときには、たとえば月額９８００円といわれたら、「ああ1年で12万円ですね」と返すようにしてください。これが大事です。とにかく塵も積もれば山となる。うつ病であたまがぼーっとしていると、ときどきそういう厳然たる事実を忘れてしまって無駄にお金を使ってしまうことがありますが、「塵も積もれば山となる」という言葉ほどの普遍的な事実はありません。それに、収入はなんとなくは増えませんけど、支出はなんとなく増える。だから、**とにかく支出をカットカットカットすることが大事**です。

また、世の中には親切な人もいて、わざわざ私の自宅にまでいろいろな月額課金グッズを売りに来る人もいます。そういうときは「僕はうつ病です！　人が寝てるときになにさらしとんじゃいこの野郎！　真っ昼間から戸別訪問に来るような元気なやつにくれてやるお金はありません！　おととい来やがれ！」と言って追い出しましょう。だいたいこれを10回ぐらいやっていると来なくなります。

うつの人は「原価」を払ってはいけない

また、ここまで再三再四繰り返してきましたが、重要なことなので何度でも言います。**うつの人はとにかく、支出は１００％予定通り、売上は体調が悪くてぜんぜん予定通りじゃない**、ということが起こりがちです。

ですから、大事なことは**とにかく出費を抑えること**。これに尽きます。出費を抑えても元気なときに「労働貯金」をしておけば、お客様は来ますし収入はあります。だから、とにかく出費を抑えることが大事です。

事業において出費を抑えるうえで大事なのは、**原価がかからないものを売る**ことです。原価のかからないものは、案外たくさんあります。エステもマッサージも塾も、自分１人でやるのであれば、本質的には原価はかかりません。とにかく最初は、原価がかからないということをベースに商材を決めてしまっていいと思います。

商売はそんなに難しいことではありません。とにかく売上を最大化し、コストを最小化する。これに尽きます。別にうつ病であれＡＤＨＤであれ、これができれば、これができない健常者よりは何百倍も優秀です。**常に売上の最大化とコストの最小化を考えていきましょう。**とはいえ、元気だったり元気がなかったりすると売上の最大化というのはなかなか難しいですから、売上については、さきほども申しましたように、まずは営業利益が月10万円、月30万円、月１００万円出たらよしとする、と割り切ったうえで、コストの最小化を徹底しておこなうことが大事です。

うつの人は「借金」をしてはいけない

ここまでは商売という観点から、うつの人が気をつけるべきことを話しましたが、ここからは資金調達や資産運用、余暇の過ごし方という、多少は余裕が出てきてからの、うつの人とお金の付き合い方について考えていければと思います。

うつの人とお金との付き合い方は、「支出は１００％以上予定通りになるが、収入はまず間違いなく予定通りにはならない」という原則を知ることから始まる、ということはこの章で再三にわたり紹介してきました。この原則から導かれることとは、うつの人は「借金」をしてはならないということです。

「借金」というのは、支出は予定以下、収入は予定以上という人だけに許される特権です。それでは銀行もサラ金も儲からない。ちょっと難しい話をすると、政府としても景気がよくならない、ということで、ＣＭや銀行の窓口、国会、日銀の政策決定会合などでは大盤振る舞いがおこなわれているようです。しかし一個人としての原理原則を考えたときには、やはり「借金」というのは、支出は予定以下、収入は予定以上という人だけが許される特権であるべきでしょう。まあ、借金まみれの人で、支出は予定以下、収入は予定以上の人というのは数えるほどしかいませんが……。

　経営者の友人などでも、どんどんお金を借りて、どんどん事業を拡大したり、株式投資や不動産投資をしたりしている人が多数派で、「なぜ借金しないのか？」と聞かれることも多々あります。しかし、そもそも私の起業の目的は「私の永続的生存」であり、最近では「私と仲間の永続的生存」なので、借金をする必要はありません。今後もおそらくないと思います。

そもそも借金をする必要があるほど確実な儲け話というのが、浅学非才の私には思い浮かばないのです。のちほど紹介しますが、株式投資や不動産投資はやはり不確実性がつきものです。私がある程度確実に儲けることができる教育分野についていえば、自分でできる分野なら自分の労働力でやってしまいますからお金はそれほどかかりません。また、数学添削や英作文添削のように任せられる人材が必要な分野については、まずは人を雇うために資金を貯めなければなりません。しかし、お金が用意できたとしても、弊塾の求めるクオリティーで指導してくれる人材はおいそれとは見つかりません。結局は自分で育てていかなければならないのです。つまり、お金を調達することよりも、実は人を調達することのほうが難しい。

人にお金を借りてまでおこなうような投資機会というのが、少なくとも私がいる教育業界ではさほどないように思います。ですから、結局のところ事業から生み出された利益だけでどうにかなってしまいます。わりと利幅が大きい商売をしているから、ということもありますが、少なくとも私の商売の場合、借金をする必要はありません。

また、うつ病患者の性格特性を考えても、借金などすると気に病んでしまいますし、自分が自分らしく（うつの人が自分らしく生きたら暗くなってしまうのではないかとも思いますが）生きていくということを考えると、やはり借金はしないに越したことはないと思います。

うつの人は「出資」を受けてはいけない

「借金をしてはならない」と言うと、「では、出資ならどうでしょう？　出資なら返す必要もないですし……」と言う大学生がよくいますが、私は出資は受けるべきではないと思います。借金と出資なら、まだ借金のほうがいいのではないかと思うぐらいです。

理由はいろいろありますが、あくまでも一般論として一つ紹介しておくと、出資は失敗して一円も返ってこない可能性もありえますから、リスクが高い分、高いリターンが期待されます。

実際に私がもし誰かに出資するとしたら、3年で2倍、10年だと10倍ぐらいのリターンはほしいと考えます。ミナミの帝王もびっくりの高金利ですが、私が事業に求める利回りはこれぐらいです。あとで詳しく説明しますが、これぐらいの利回りが出せないのであれば、事業を運営するのは骨折り損だとさえ思います。

そういう大きすぎる期待を受けるというのは、うつの人にとってとてもよくないのではないかと思います。そもそもうつの人は責任感が強いので、ガンガン詰められるともう死ぬしかなくなってしまいます。もともと死への願望を持っているわけですから、**死ぬことが現実的な選択肢になるような借金や出資の引き受けには、とにかく慎重になるべき**です。死んだら元も子もないですからね。

うつの人は「株式投資」をしてはいけない

うつの人が自宅でできる仕事、というと「株式投資はどうでしょうか?」と聞いてくる人もいます。これも人それぞれですが、私はあまりおすすめしません。

実は私も株をやろうかと思い、真剣に調べていた時期があります。ちょうどコロナショックで株が大暴落した2020年2月のことです。国内外の株を調べ、いくつかの銘柄に着目し、証券口座まで作りました。にもかかわらず、私は着目していた株を買いませんでした。2倍程度までは上がるだろうと見ていましたが、よくよく考えると、2月のコロナショック時の市況では、やり方次第で自分の事業のほうがより大きく、しかも確実に儲けることができると気づいたからです。

どういうことかというと、緊急事態宣言が発出されて大企業を中心にテレワークが普及した過渡期には、実は仕事らしい仕事をせず、ひたすらサボっている大企業のサラリーマンがたくさんいたのです。彼らは一様に将来への不安を抱えていましたから、かなりの安値で大量の動画編集を頼むことができました。また、この動画がかなり効率的に集客に結びついたため、テレワークサボり組大企業正社員への動画発注は、極めて高い利回りを生み出しました。その結果として、今まで数千万円以上のコストをかけてきた広告を、一切打たなくても集客できるようになりました。そして、4月〜9月の半年で、私の貯金は倍以上に膨れ上がりました。

もし仮に、株を買っていたらどうなっていたか考えてみましょう。

まず、全財産で株を買う予定はなかったので、せいぜい全財産の10分の1ぐらいでスタートしていたでしょう。4月〜9月にかけての株価推移を見てみると、おおよそ目をつけた銘柄の株価は2倍程度までは伸びました。しかし、利益の回収が早かった動画での集客に比べ、株での利益確定には辛抱が必要です。また、この先さらに株価が上がる見通しもありません。これは一度儲け方を覚えてしまえばどんどん儲けを拡大再生産できる実業と比較したときの、株式投資の大きな欠点です。そう考えると、私は株式投資ではなく、自分の本業に投資して本当によかったと断言できます。

うつの人は借金をして「不動産」を買ってはいけない

では不動産はどうでしょうか？　実は私は**現金で買えるのであれば、不動産を買うのはいいことなのではないか**と思います。私は今まで、事業を通じていろいろなものを買ってきました。その中で基本的に損をしないのは、優秀で忠誠心が高く信頼できる人材（弊塾の卒業生で、大学入学後もバイトしてくれている人）への投資と、そういう人が集まる場所への投資でした。この二つについては利回りが非常に高かったので、**投機目的の心の不安を増やすような投資でなければ、不動産を買うのはいいこと**だと思っています。

ただ一方で、借金をしてまで買うべきか、という点においては、私は懐疑的です。借金というのは、基本的に将来の自分の稼ぎの先食いなわけですが、将来の自分の稼ぎほど当てにならないものはないと私は思います。特に**うつの人は元気だったり元気**

がなかったりするわけですから、あまり将来の稼ぎは当てにしないほうがよいでしょう。

うつの人は「自分へのご褒美」を買ってはいけない

また、なにか嬉しいことがあるたびに「自分へのご褒美」と称して、なにかを買うようなお金の使い方にも反対です。私が好きな絵本で『プーさんとはちみつ』（講談社）というのがあるのですが、「もう少しだけ、もう少しだけ」とはちみつを食べているうちに、はちみつがなくなるという話です。得てして、多くの消費にも同じような落とし穴があると思います。

私は人間には2種類の人がいると思います。一つ目は消費を喜びとする人間です。大多数の人間はそうですが、私が知る限り、この種の人が余裕のある生活をすることはあまりないと思います（相続などで財産がある場合を除いて）。

一方で、生産を喜びとする人間もいます。この種の人間は、たとえ今の経済状況がどうであれ、少なくとも収入に余裕がある生活を送ることができる人が多いように思います。なぜなら、そもそもあまりお金を使わないからです。あなたがめざすべきは生産を喜びとすることだと思います。

さて、この章では、うつ病の人が使ってはいけないお金にフォーカスしてお話ししました。お金は稼ぐこと以上に、増えるように使うのが難しいので、使い方にフォーカスして考えることができたのは、事業の永続的発展のために必要不可欠だったのではないかと思います。ここから先は、起業に向けて具体的にどのように自らを律していくかというお話ができればと思います。

まとめ

- うつの人は「家賃」「広告費」「人件費」「原価」を払ってはいけない
- うつの人は「コピー機」を借りてはいけない
- うつの人は「借金」「株式投資」をしてはいけない

●うつの人は「出資」を受けてはいけない
●うつの人は借金をして「不動産」を買ってはいけない
●うつの人は「自分へのご褒美」を買ってはいけない

第6章

モチベーションについて考えよう

うつの人は「小さいやる気」「波があるやる気」で生きていく

ここでは、うつの人のモチベーション・マネジメントについて話したいと思います。私はそもそもモチベーションという言葉が嫌いです。モチベーションがあるなしにかかわらず、危機感をベースとして、元気があるときはなにも考えずにどんどん仕事をするべきだと思います。一方で、うつの人は体力に乏しく、なかなか膨大な量の仕事をすることが難しい側面もあります。そこで、どのようにすれば、うつの人の「小さいやる気」「波があるやる気」でも仕事を成功させることができるかについて、ここでは考えていきたいと思います。

うつの人が「小さいやる気」を大きく見せる方法

まず、うつの人が「小さいやる気」をどのようにして大きく見せるかという話をしたいと思います。

「小さいやる気」を大きく見せるために大切なのは、**「限界費用ゼロ」という概念と、「錯覚資産」という概念です。**それぞれ重要なキーワードですので、順を追って解説したいと思います。

まず、「限界費用ゼロ」という概念ですが、そもそも「限界費用」とはなんのことでしょうか？　「限界費用」とは「うつ病で限界」とかそういう意味の「限界」についての費用ではありません。「限界」というのは経済学の概念で、「AとBのあいだ」ぐらいの概念です。ここでの「限界費用」というのは「1単位増やすごとにかかるコスト」のことです。

もう少し具体的な例に落とし込んで説明していくと、たとえば、個別指導塾を経営している場合は、指導コマを1コマ1時間分増やしたら、1人の人間が1時間分余計に働かなければならなくなります。ところが、YouTubeで授業を撮影しておいて「これを見ておいてね」という形で1時間分増やすとします。YouTubeなんて、1人しか見なくても100人見ていたとしても、配信にかかるコストは変わりませんから、「限界費用」はゼロになります。

同じようにアプリを作っておいて、「これをやっといてね」という形で増やすのであれば、1人しか使わなくても100人が使っていても、かかるコストは変わりませんから、「限界費用」はゼロになります。

このように、うつの人は長く働くことはできないわけですから、なるべく「限界費用ゼロ」の世界で戦い、自分の「小さいやる気」を大きく見せることが非常に大事になってきます。

2つ目は、「錯覚資産」という概念が大切になります。これは、ふろむださんという、とある上場企業を創業した方が書いた『人生は、運よりも実力よりも「勘違いさせる力」で決まっている』（ダイヤモンド社）にもまとめられているので、もし興味がある方は一度ご覧いただければと思います。「錯覚資産」とはうまく自分に対する期待値をコントロールしたうえで、本を出したり、YouTubeに出たり、テレビに出たりしながら「すごい人」のイメージを作っていき、それによって仕事をやりやすくするという方法です。

うつの人でも手っ取り早くできる方法としては、名前をすごそうにするという方法があります。たとえば、バーを経営している友人がいるのですが、彼は「えらいてんちょう」と名乗っています。名前からしてえらそうなので、このバーではなにがあってもたいていのことは許容されるという仕組みです。

また、私の塾は「毎日学習会」という名前です。別に私が毎日長時間働いているわけではないのですが（体調が悪ければ10分だけシフト送信して、あとはスタッフに任せて寝ていることもあります）、なんだか毎日熱心に教えてくれる感じがする名前ですよね。実際のところ、その日は元気なスタッフが誰かしら、代わる代わる熱心に指導することで、状態としては「毎日熱心に勉強を教えてくれる塾」になっているので看板に偽りはありません。また、こういう状態を作ったうえで、本を大量に出したり、YouTubeに大量に投稿したり、サイトの記事を大量に出したりしていますし、今回はまたこうして本を書いて、この本がベストセラーになったらテレビにも出たいと思っていますので、そういう形でどんどん「錯覚資産」を増やしていくのです。これも「小さいやる気」を大きく見せるうえで非常に大事な要素になります。

うつの人の「波があるやる気」の活かし方

では、その次です。まずそもそも本を出すにしてもYouTubeに動画をアップするにしても、それなりに働く必要があります。では、うつの人はどのようにしてこれほど大量の仕事をこなせばいいのでしょうか。その部分から考えていきましょう。

まず大前提として、**元気がないときは仕事しないこと**です。コロナウイルス対策と同じで、十分に収束していないときに、慌てて動くと余計ひどいことになります。まずはそれなりに体調をよくすることが最優先です。そのうえで、仕事をするわけですが、仕事をするときに考えてはならないことがあります。それは「やる気」「モチベーション」です。

「今日はやる気があるのか？」「今日はモチベーションがあるのか？」を仕事をする前に考えると「今日はやる気がないから明日からやろう」「今日はモチベーションがないから明日からやろう」という結論になります。これが非常によくない。**大切なことは、やる気のことなど考えないこと**です。**それなりに元気で、少なくとも仕事ができないほど体調が悪くなければ、まずはやる。**一つ終わったら、なにも考えずに二つ三つ四つと連続でやっていくことが大事です。休憩を挟むと、どうしても休憩がメインになってしまいますからね。まずは**連続して、なにも考えずにどんどん仕事をこなしていく**ことが大事です。

この「なにも考えずにどんどん仕事をこなしていく」という感覚はぜひ大事にしていただければと思います。「メランコリー親和型」のうつの人であれば、仕事ができないほど体調が悪くなければ、できるはずです。とにかくなにも考えずに、意識を飛ばして体力の限界まで仕事し続けるのです。その結果として、また1日2日寝込むかもしれませんが、それでいいのです。1日人一倍以上働いたら、次の日は寝込んでいても、トータルで見たら健常者とトントンか、健常者以上に仕事をしたことになります。とにかく過剰労働と寝込むことを繰り返し、健常者に仕事の量と質で勝つことが大事です。また、この量についても「限界費用ゼロ」と「錯覚資産」で盛り盛りに水増しすることが、極めて重要になります。

批判コメントはすべて削除しよう

また、やる気を維持するうえで大事なのは、**「心の中に独裁者を飼う」**ことです。私は自分の塾への批判コメントについては、理由があるものならまだしも、明らかに事実無根の誹《ひ》謗《ぼう》中傷であるものは、絶対に許しません。実際に競合を狙い撃ちにして、最終的には潰す形の起業をしているわけですから、競合他社からさまざまな嫌がらせを受けます。しかし、私は自分が書いた本に誤った内容のAmazonレビューが書いてあれば裁判を起こしますし（実際何度か勝ったことがあり、問題があるレビューはすべて削除されています）、海外から書き込みがあった場合でも、ありとあらゆる手段を使って削除させるか、検索結果の1ページ目からは見えなくしています。このように「心の中に独裁者を飼う」ことで敵は絶対許さないという気持ちを持ち続けます。「いつも心に独裁者を」を合言葉にがんばりましょう。

うつの人は、とかく落ち込みやすい性格を持っていますが、これらの作業は私にとって整理整頓のようなルーティーンで、いまやなにも感じることなく処理することができるようになっています。批判的なコメントの中にも勉強になるものや、次回以降の商品改善に役立つものもありますが、そうでないものはすべて削除&ブロック&検索結果の圏外にすることで忘れることが大事です。

そもそも、人はなぜ批判されるのでしょうか？　あなたが正しくないからでしょうか？　それも一理あるかもしれませんが、多くの場合、人が批判されるのは、批判される人自身の勢いが弱いことに起因しています。さきほどもお話ししたように、エーリッヒ・フロムは「人は力の正しさよりも、力の強さに魅了される」という性質があると言っていますね。それはなぜかというと、人は孤独が怖いからです。孤独になるぐらいなら、無理筋の理屈であってもとりあえずそれを大声で叫ぶというのが人間です。ですから、あまり人の言うことを真に受ける必要はありません。

そもそも、YouTubeやブログやTwitterやAmazonレビューなどで、真っ昼間からしたり顔で講釈を垂れる人間にろくな人間はいないのです。すべて無視してしまってまったく問題ないわけですが、そういう噂話みたいなのに左右されて売上が減ることもありえますから、わけのわからないことを言う人間を許してはなりません。片っ端から裁判を起こすことが大事です。実際、私は自分が原告の裁判については、自分で一通りの裁判処理ができます。弁護士をつけるまでもなく勝てるのであれば、そうするのが一番です。「心の中に独裁者を飼う」ことで、なにか言われても憂鬱になることなく対応できるようになります。

月に一度、1週間の旅行をしよう

また、うつ病の人が仕事をするうえで、特に起業をするうえで、いくつか個人的に気づいた注意点を書いておきたいと思います。

まず、できればかなり無理をしてでも、月一回は1週間ほどの旅行に出かけたほうがいいです。温泉でもなんでも、目的はなんであれ構わないのですが、体調と金銭事情が許すのであれば、スケジュールにかなりの無理をしてもとにかく旅行に行くことが大事です。これは私自身は起業した当初はできていなかったことですが、今はその大切さを痛感しています。

うつ病は、物の見方が歪む病気です。うつ病の人に見えている世界は、健常者の世界とは異なります。世界が歪んで見える、すべてのことがネガティブに思えてならなくなるのです。この物の見え方の歪みを解消する方法は、さまざまなものがありますが、たとえば私が推奨しているように文章をたくさん書いてみることや、動画を撮影してみることもその一つです。

また、うつ病特有の視野狭窄《きょうさく》から脱するためには、旅行も有効です。

私は小学校時代から高校時代に至るまで、もっといえば大学生活でも、教え子が大量に入学してきた後半期を除いては、常に社会から疎外されている感覚を持っていました。ただ、世界中を旅行し、東南アジアでひどいスラム街の様子を見たり、ローマで不動産投資家の友人と歩いていたらＢＢ弾で撃たれたりしたことなどさまざまな経験をする中で、自分の境遇のありがたみを感じることができるようになりました。

こういうふうに自分の人生を見つめ直すキッカケが得られたのも、私の旅行経験による部分が大きいです。煮詰まってしまうと、どうしようもなくなるのがうつの特徴ですので、ぜひ月一の１週間旅行は半ば義務化して実行してください。

うつの人が旅行計画を立てるときに大切なことは、**予定を詰め込みすぎないこと**です。あなたは超人ではありません。それを理解することが大事です。

とりあえず行き先だけを決め、大過なく出発できることを祈り、現地に到着して元気であれば、美術館などに行くのもいいでしょうし、あまり元気がなければ、ホテルで寝込んでいても構いません。私がローマに行ったときも、パリに行ったときも、さほど元気がなく、友人たちはあちこち行っていましたが、私はホテルにずっと引きこもっていました。

そんな旅行のなにが楽しいのか、と思われるかもしれませんが、旅行先のホテルでずっと引きこもっているのも、意外と楽しいものです。人間ですから、なにはせずとも腹は減ります。ですから、スーパーに行ってクリームチーズやモッツァレラチーズを買ってきたり、生ハムを買ってきたり、日本ではなかなか飲めない防腐剤が入っていない赤ワインを大量に買い込んでは飲みまくる。これだけでも十分楽しいです。また、ローマは不景気でしたから、ミシュランに掲載されているようなピザ屋やパン屋、ジェラート屋でも、治安が悪いテルミニ近辺であれば１ユーロ（約１２０円）程度でいろいろ食べることができましたし、それだけでもとても楽しかったです。飯を食べるためにベッドから這《は》い上がって散歩しているだけでも、コロッセオがあったりと世界遺産だらけですから非常に楽しい。うつの人は常々死にたいと思っているものですが、ローマのように治安が悪い都市で、いざ実際にＢＢ弾で撃たれたりして死にかけてみると、死にたくはないと思うもので、うつ病患者に一番欠けている生存本能が鍛えられます。そういう意味でも、旅行はとても素晴らしい。

今はコロナで海外旅行には行けませんが、たとえば新大久保とか西川口とか外国料理のお店が多い地域で1日たらふく食べてみるだけでも、なかなか楽しいものです。中華料理などもかなり本格的な店が新宿近辺にもあり、そういう店での食事は非常に楽しみにしています。味覚が感じられないぐらいひどいうつ病のときには、そういった楽しみ方はできませんが、ある程度回復したときには、騒がしい街の人たちを見ていると、自分が気になっていたことがバカらしく思えることもあり、ストレス発散には非常にいい方法だと思っています。

寝込みたいときはいくらでも寝込んでいい

これももうすでに書いたことですが、何度でも書きます。うつ病で前後不覚、なにがなんだか、わけがわからないときは、同じことを手を替え品を替え何度も言わないと頭に残らないからです。これは受験生に勉強を教えるときもそうで、とにかく同じことを何度も言います。同じことを何度も言うことがとても大切で、みなさんが塾などに通っていたときに、教え方がうまかったなあと思う先生は、たいていただ単純に同じことを何度も言っていただけです。重要な知識を最小限にまとめ、それを何回も何十回も何百回も繰り返し反復して言うことが、塾講師のわかりやすさの本質です。

さて、繰り返しになりますが、ここでは**「うつの人の起業では、寝込みたいときはいくらでも寝込んでいい」**という話をします。いくらでも寝込んでいいのです。寝込んでいるときは、元気になったら寝込んでいた分の仕事も取り戻そうとか、そういう真面目くんみたいなことは考えなくてもいいです。ただ寝ているだけでいい。それが今のあなたの仕事です。

多少元気が出てきたら、モチベーションとか難しいことは考えず、とにかく意識を飛ばして、仕事をどんどんノンストップにこなすことが大事です。そして疲れてきたら、また寝込めばいい。そのときにまた、起きたら寝込んでいた分を取り戻そうとか、そういうことを考える必要はないです。とにかく寝込んで寝込んで寝込んで、いつか元気になる日を待ちましょう。

「こんなに寝込んでいて問題ないのか」と言う方もいるでしょう。たしかに、ＡＩとかＡＲとかＶＲとか今流行りのビジネスだったり、トレンドブログのような芸能界のあれこれにすぐ反応しなければいけないブログを運営していたら、そんなに寝込んでいると潰れるでしょう。ただ、世の中のたいていの商売、特にネットビジネスの場合は、事前に自動化さえできていれば、寝込みたいときは寝込んでいてもなんの問題もありません。

健常者もそこまで働いていないから、うつの人は気楽に生きよう

そもそも、なぜあなたはそんなにも寝込むことに罪悪感を感じるのでしょうか？　世間の人は真面目に仕事をしているから？　本当でしょうか？

たとえば、私の友人で水商売をしている人がいます。彼女が言うにはキャバクラのような会話系のサービスはコロナ禍で甚大な被害を受けているようですが、より直接

的なサービスをする一部の店は結構繁盛しているようです。昼でもスーツ姿のサラリーマンや謎の自営業が大挙していると聞きます。世の中の人なんて、こんなもんです。そんなに真面目に仕事をしている人なんかいません。ですから、あなたももう少し気楽になっていい。うつ病の人が1日本気で仕事して、次の2日ぐらいはひたすら寝込んでいても、十分飯は食えます。少なくとも今の日本では、多くの人が寝てるのか起きてるのかもよくわからないようなぼーっとしたテンションで仕事をしていますし、「限界費用ゼロ」「錯覚資産」などといった小さい力を大きく見せる魔法についても、真面目に考えて使いこなしている人なんてほとんどいません。

私も実際に、塾業界において、YouTube活用で有名な社長にキャバクラで会ったことがあります。聞けば、彼は1週間に1日しか働いていないとのことでした。それでどうやって塾経営が成立するんだと思いましたが、今では全国300校舎を超える学習塾の大社長です。聞くところによれば、その社長が真面目に働いているのはYouTubeの中だけで、生身の社長は新宿歌舞伎町に行かないと会えないそうです。世の中にはこういう人もいます。それでも経営が回るのですから、あまり難しく考える必要はありません。

まとめ

- 「限界費用ゼロ」と「錯覚資産」で「小さいやる気」を大きく見せよう
- 元気がないときは仕事をしないようにしよう
- 元気なときは「やる気の有無」にかかわらず、連続して仕事をこなそう
- 月に一回、1週間の旅行をしよう
- 調子が悪いときはとことん寝込もう
- 健常者もサボっているから、罪悪感を持つのはやめよう

第7章

事業を持続させる方法を考えよう

より長く事業を続けるために

ここから先は、うつ病起業がある程度軌道に乗り、営業利益で月100万円以上出せるようになってからの話をします。商売は修羅の世界で、そう甘くはありません。一旦軌道に乗っても、ほかの商売人も命をかけてしのぎを削って商売をしているわけですから、商売のやり方がパクられる、信頼していたスタッフに事業ごと顧客ごと盗まれそうになる、というのはある時期までは、私も日常茶飯事でした。より長く事業を続けるために、そうしたトラブルをどのように解消していけばいいのかをここではお話ししたいと思います。

「最小の努力」で「最大の成果」を出すのは健常者の仕事

さきほど紹介した300店舗を展開する学習塾業界の大社長の話ですが、彼はまさに「最小の努力」で「最大の成果」を出す天才といえます。物事の本質、人間のコンプレックスを見抜き、それをテコのように利用して「最小の努力」で「最大の成果」を生み出す。彼は学習塾にとどまらず、フランチャイズ、転職、大学生活など、一見なんの脈絡もないテーマで、複数のYouTubeチャンネルを持っており、それぞれが数万人の優良登録者を抱え、商売としても大いに繁盛しています。こうした芸当ができるのは、彼自身が時代の変化に敏感で、機を見るに敏だからといえるでしょう。

さて、では同じような芸当が我々にできるでしょうか？　うつの人にできるでしょうか？　私にはとてもできないと思います。毎日歌舞伎町で飲み歩くのは、楽しい人にとっては楽しいのでしょうが、私にはとても無理です。疲れてしまいます。ですから、我々は我々なりの勝ち方を見出さなければなりません。

では、我々なりの勝ち方、うつの人なりの勝ち方とはどういったものなのでしょうか？

繰り返しになりますが**「最小の努力」で「最大の成果」を出すのは、健常者の仕事だ**ということです。一般に、「最小の努力」で「最大の成果」を出してしまうと、それがあまりに効率的であるがゆえに、どんどん真似されてしまうものです。機を見るに敏な人であれば、パクられたら次に儲かるものを探すとか、あるいは勝てる方法を生み出すなどして、変幻自在に姿を変えることができます。でも、うつの人にはそれができません。なぜなら、そのとき体調が悪いかもしれないからです。

うつの人は「最大の努力」で「最小の成果」を出そう

それを考えると、まず考えなければならないこととしては、**「最大の努力」で「最小の成果」を出すこと**です。「最小の努力」で「最大の成果」を出すのであれば、それはあまりにも効率的ですから多くの人が真似しようとしますが、「最大の努力」をして「最小の成果」しか出ないような気の遠くなるようなことは、たいていの人は真似しません。そんなことをわざわざしたくないからです。特に、儲かるか儲からないかわからないことを延々と続けられる、ある意味で空気が読めない人というのは100人に1人もいません。まず誰も真似しないという点で「最大の努力」で「最小の成果」を出すという戦略は強いのです。

また、この「最大の努力」で「最小の成果」を出す戦略のいい部分としては、客層がよくなることです。多くの場合、見る目があるお客様がサービス提供者に求めるものは、サービス提供者がもっとも提供したくないものです。提供すること自体に途方もない労力がかかったり、強い精神的な痛みを伴うようなものを、見る目があるお客様は手に入れたいと思うものなのです。

私たちは常にそういう声に応えられる事業者でありたいと思っています。だから、慶應SFC小論文の解説についても、通常小論文というのは採点基準をあいまいにするものですが、我々は1点単位で、どこにどれぐらいの点数がつくかを過去のデータをもとに予測して提示しています。

また、慶應ＳＦＣ英語についても、国内最難関の英語試験ですから、多くの予備校が正答が正答である理由は書きますが、誤答が誤答である理由は書きません。しかし、我々の解説では誤答が誤答である理由まですべて述べています。

こうした「最大の努力」に比して、こういう細かい努力に気づいて、気に入って契約してくださるお客様は、実はそう多くはありません。ですから、こうした「最大の努力」に対して得られる成果は「最小の成果」だといってもいいと思います。ですが、こうして得られたお客様はまずやめることがないですから、お月謝が同業他社より安くても、顧客生涯価値（ＬＴＶ：１人の顧客が取引期間を通じて企業にもたらす利益）は高くなりますし、合格者からの新たなお客様の紹介も増えます。

なにより、こういう細かい努力に気づいて、それを気に入って契約してくださるお客様は、学力面もしくは人格面において、非常にレベルが高いお客様です。このようなお客様だけに来ていただくことで、接客業特有のストレスをかなり軽減することができ、それが「うつ病でも生きていける起業術」につながります。

このように、ほかの会社が決してやりたがらない面倒なことができるかどうかが、勝負です。私は今日その種を一つ明かしましたがご安心ください。実は私たちがやっている面倒な仕事はこればかりではありません。目安として新しい教材を開発するときは、既存の教材と比較して改善すべき点を100ぐらいは用意したうえで、一つひとつ実行しています。だから、なにがあっても絶対潰れないという自信を持てるのです。公開株を見ていても思いますが、強い会社の製品には無数の改善があり、それが無数の仕組みになり、それが最終的に無数の資本へと結びつきます。高い利益率や高い利益額は、すべてこれで説明できます。我々うつ病患者も、こうした強い企業から学ぶべきです。

ましな体調のときに魂を入れて仕事をしよう

本書で私が再三述べているのは**「ましな体調のときに魂を入れて一つひとつの仕事を丁寧に真面目にこなせば、飯は食える」**ということです。多くのうつ病患者は、失業やリストラに苦しみ、明日食べていくことにさえ不安を感じています。だからこそ、「ましな体調のときに魂を入れて一つひとつの仕事を丁寧に真面目にこなせば、飯は食える」というメッセージは、ある程度回復期にあるうつの人にとっては、一つの救いになると思い、この本を書いているのです（病気がひどい状況であれば寝ていてほしいです。くれぐれも、たとえば身内の方のうつがひどい状況のときに、この本を取り出して熱心に働くように言ったりはしないでください。それはご本人にとっては大変つらいことです）。

「ましな体調のときに魂を入れて、一つひとつの仕事を丁寧に真面目にこなせば、飯は食える」

これは味わい深い言葉です。一つひとつ説明しましょう。

まず、「ましな体調のときに」という留保に注目してください。私が言っているのは「ましな体調のとき」は仕事をすべきだということです。体調がひどいときは、一切仕事をする必要はありません。休むことがあなたの仕事です。

次に「魂を入れて」という言葉も重要です。これはある種の迷信のようなものだと考えていただいて構わないのですが、魂を入れた仕事と魂を入れない仕事では明確に成約率が違います。魂を入れた仕事は、ほぼ１００％に近い成約率を叩《たた》き出すことがある一方で、魂が入っていない仕事では、まったく成約が取れないこともあります。魂を入れて仕事をすることは、それほど大事なことなのです。

では、「魂を入れる」とは基本的にどういうことなのでしょうか？　私の場合でいうと、自分が受講生になりきる、受講生と一体化するということだと思います。自分と受講生、合格者が一体化するぐらい入り込み、乗り移ることができなければ、校舎もない、ネットでやっているだけの塾に生徒は１人も来ません。ただでさえうさんくさいわけですから、そのうさんくささを吹き飛ばすぐらいの真剣さが必要です。なにがしかのサービスを考えるときにも、自分が利用者に乗り移ることができるかどうかを、第一に考えるべきです。私がこの本を書いている理由も、私であればうつ病のあなたに乗り移れると思ったからです。

次に「一つひとつの仕事を丁寧に真面目にこなせば」とはどういうことでしょうか？「真面目にこなす」の基準がどこにあるかが大事になります。考えうる限りのすべての競合に勝っていることは、当然のことです。これは当たり前にクリアすべき水準です。そのうえで、ぱっと1回見ただけで、ここにお願いしよう、ここに頼もうと一発で思ってもらえることが大事です。消費者に迷いを生じさせてしまう、ほかの会社も見てからにしようかと思わせるようなサービスでは、絶対成約は取れません。なぜなら、ほかの会社には立派な校舎やオフィスがあるのに、私たちにはないからです。私たちのところを見に来た段階で、一発で仕留めなければ間違いなく事業は潰れます。

また、「飯は食える」とはどういうことでしょうか。冒頭から申し上げているように、最低でも「月10万円」、次は「月30万円」、その次は「月１００万円」、その程度は現金を貯めることができるというのが一つのスタートラインです。なぜなら、うつの人はいつ「無」になるかわからない。あなたもそうですし、当然私もそうです。ですから、なにがあっても飯が食っていけるようにする必要があります。

1年がんばって働けば、10年は細々とでも食べていけるような、そういう貯蓄の仕方が現金、YouTube、書籍、SEOのそれぞれの場面で必要になります。このことは絶対に覚えておかなければなりません。官公庁からも大企業からも見捨てられた我々うつ病患者を救うのは、貯蓄しかないのです。

「好きなことで生きていく」ための条件

一時期、YouTubeのCMでも使われた有名な言葉に「好きなことで、生きていく」というものがあります。私もこの言葉が意図するコンセプトには大賛成です。やはりストレスなく生きていくためには、なにはともあれ好きなことで生きていくことが必要不可欠だと思います。好きなことで生きていくことは、我々の生活上のストレスを相当程度、軽減してくれる可能性があるからです。

ですが、好きなことで生きていくためには、とても大切な条件があります。それは、「あなたが好きなことは、本当にあなたが好きなことですか？」という質問にちゃんと答えられるか？　ということです。

多くの場合、あなたが好きだと思っていることは、あなたが世間から好きだと思わされていることです。我々はどれほど賢い人でも、多くの物事について歪んだステレオタイプを押し付けられています。たとえば、「慶應ボーイは女好き」「英雄色を好む」というようなステレオタイプがありますが、多くの慶應大生は、そんなに女好きではないし、人付き合いすらも好きではない人も多くいるわけです。ですが、ステレオタイプというものは、こういったいろんな人まで巻き込んで非常に大きな社会的問題を起こしているのではないかと私は思います。

ですから、あなたが好きだと思っていることは本当に好きなことですか？　ということを起業する前に改めて問い直す必要があると思います。

そのうえで、あなたが本当に好きなことを事業にすべきです。精神的にストレスに弱いうつ病の人の場合は、特にそうあるべきでしょう。うつの人は儲けのために嫌いなことができるほど、精神が強くないからです。

では、うつの私がなぜ小論文添削を本業にしようと思ったのかというと、私は本を読んだり、文章を書いたりすることが好きだからです。ただ、体調が悪いと、文章を書くのはなかなか厳しく負荷が大きかったのですが、小論文添削は、文章を書くこと自体と比べるとまだ負荷が小さかったのです。また、これが一番重要なことですが、小論文添削はスタッフに任せやすかったというのもこの仕事を本業に選んだ大きな理由の一つです。

私は本は1日に1万円以上買うこともあり、なおかつ、買った本は次の日の朝までには読み終えます。まさに「読書版過食症」ともいうべき読書狂いです。また、文章を書くことも大好きで、この本も3日3晩ろくに寝ないで、1日3万字、3日で9万字を書き上げ、それを7・5万字まで減らしました。そのあと1日で2・5万字加筆しました。ですから、本を読み、本を書くこの仕事は、私にとってまさしく天職というべきものです。ただ、あまりにも負担が大きい。できないときもある。そういうこともあり、小論文添削を本業、著述業を副業にしたのはいい選択だったと思います。

世間から冷めた目で見られている業種で起業しよう

とはいえ、学習塾の経営者というのはあまり世間からはいい目では見られません。学習塾業界全般のイメージが悪いことや、もともと社会不適合者と言われる人々が多い業界で、日陰産業のイメージが強いことから、私も目の前で学習塾産業の悪口を言われたことは1度や2度ではありません。

ただ、一方で思うことは、それでよかったのだということです。学習塾産業が花形産業であれば、もう少し競争も厳しかったでしょうし、もしそうであれば、私が勝ち抜き、生き延びることはできなかったでしょう。ですから、学習塾産業が日陰産業、世間のイメージが悪い産業で本当によかったと心から思うのです。

なにせ、そもそも世間からの期待そのものが大変低い産業ですから、少し真面目に働けば、ずいぶん感心されます。私は実は大学受験のときは学習塾に通わず（というか体調が悪く校舎に通えなかったので行けずに）、独学で合格したのです。だからこそ、学習塾産業がどんな産業かということをまったく知らずに、いわば素人感覚、見よう見まねで学習塾経営を始めました。それが大変よかったと思います。やってみて初めて、これほどまでにウソつきが多くデタラメな業界だと知りました。競合他社で【慶應合格率１００％】【慶應合格率99％】を謳《うた》う塾もありましたが、こういう詐欺まがいの塾は、顧客の目が確かなことからコロナ禍を契機に一気に撤退・縮小を余儀なくされています。やはり世間は正しいのです。

こういう業界ですから、優秀な人はまず学習塾など起業しません。それが本当によかった。だからこそ私のような人間でも、今日まで生き延びることができました。これからも学習塾業界が弊塾を除いては優秀な人が入ってこない業界であり続けてほしいと思っています。

「人からどう思われるか」ではなく、「まず自分が生き延びることができるか」どうか

うつの人には、人からどう思われるかを過剰に気にする性格類型があります。ただ、私は人からどう思われても、それ自体が自分の儲けにつながるわけでもないですし、さほど気にする必要はないと思います。人からの評価というのは日々移り変わるものですし、自分が真面目に仕事をしていれば、取り返しがつくことが多いからです。

人からどう思われるかに価値はありません。お客様がどう思うかは大事ですが、それはお客様がお金を払うからです。お金を払わない人のことは、究極的にはどうでもいいことなのです。**お金を払わない人のことは気にしないこと**です。うつの人の場合、とかく物事を深刻に考えがちですから、考える要素を減らすことがストレスを軽減するためには非常に重要です。

うつの人が起業する場合には、最初はとにかく「利用者数」のことしか考えない。これが一番正解だと思います。まだお金になっていない段階でも、とりあえず自分のYouTubeを見てくれた人がいたら喜ぶ、自分のサイトに来てくれた人がいたら喜ぶ、自分の本を買ってくれた人がいたら喜ぶ、まずはそこからのスタートでいいと思います。少なくとも自分のYouTube、Ｗｅｂサイト、本を見に来て買ってくれた方々は、お金よりも大事な時間をあなたに割いてくださったわけですから、そのことには本当に感謝すべきです。

そのうえで、できれば自分のサービスを使っていただく、そのためにできることを精一杯することが大事です。サービスそのものでいくらのお金が受け取れるかは、実は大した問題ではありません。顧客が喜んで払う最大の金額、そして自分が生計を成り立たせるために最低限必要な金額を考えながらチューニングすれば、帳尻は合うことが多いからです。ここで一気に売上を伸ばそうとすると、一部の得意客に媚《こ》びへつらわないといけなくなったりして、ストレスなく働くという本来の目的から外れます。

ですから、**最初はまず利用者数を追う、そのうえでＷｅｂサイトや動画や本をご覧い**

ただいたことに感謝しながら、喜んでお金をお支払いいただけるお客様を増やす、このことが非常に大事になります。

人がなにを求めているのかを死ぬ気で考えよう

そしてもう一つ大事なことは、**自分の事業に対する「最大の努力」を無駄にしないこと**です。

顧客が求めていることはなにか？　これは顧客のレベルによってかなり異なります。たとえば大学受験の場合だと、成績上位層が求めていることは、過去問の詳細な解説です。実は、既存の過去問解説作成業者の記述答案は、極めて雑です。それを参考にするだけでは、なかなか合格を手にすることができない大学も複数あるのです。また、数学などの理系科目や小論文など、解答が複数出てくる可能性がある科目では、別解やそれぞれの採点基準を明確にしておくことも大事です。さらに英語は、大学によっては、教養レベルが高く難しい英文を出すところもあります。さきほどもお話ししたように、そういった問題については、正答が正答である理由だけでなく、誤答が誤答である理由もしっかり説明する必要があります。正答が正答である理由など、実力がない講師でもあとづけで説明することができるからです。ですから、我々はこういった部分にかんして、かなり細かく教材を作り込んでいます。そして弊塾の場合は、こういった教材を使い倒す層が、早慶上智の合格実績の多くを作ってくれるのです。また、スタッフとして採用する元教え子は、こういった教材を使い倒していた層です。

つまり過去問の詳細な解説をすることは、集客広告としての機能よりもむしろ、弊塾の指導ノウハウにぴったり合った人材を採用する広告や、彼らを研修する教材としての機能のほうが大きいのです。

ですが、これだけでは事業を成り立たせるのに十分な顧客数を確保することはできません。特に私の塾のように、ごくごくマイナーな入試に絞って対策している塾はそうです。

そこで必要になるのが、成績中下位層向けのマーケティングです。この層は、基本的に長い文章を読める方と読めない方がいるので、長い文章を読める方向けには受験ノウハウだけが書かれた長い記事を読んでいただき、長い文章を読めない方については毎日更新の受験ノウハウYouTube動画をご覧いただきます。もちろん、ここから来たお客様の中にも、努力に努力を重ねて、早慶上智に合格される方もいます。それが難しくても、それぞれのお客様のいい部分を見つけ出して、関関同立ＭＡＲＣＨぐらいには合格していただけるようにがんばって指導をしています。

この層が事業として継続可能な売上と、少々の早慶上智合格実績、大量の関関同立ＭＡＲＣＨあたりの実績を作ってくれます。

ここで大事なのが、「お客様が本当に求めているものはなにか」を心から知ることです。私の塾は早慶上智専門の塾ですが、実は来る方の中には、「早慶上智にどうしても入りたい」という方と「とりあえず関関同立ＭＡＲＣＨも含めた難関大学に入りたい」という方がいます。それぞれの心の奥底の真のニーズを探ったうえで、それがなるべく叶うようなサービスをすることが必要不可欠です。

実は商売は、ある月だけの瞬間最大風速で月１００万円以上稼ぐことはさほど難しくありません。ただ、毎月安定して月１００万円以上を稼ぎ続ける、これを10年続けるとなると一気に難易度は上がります。それは今まで私の友人の経営者が何人も消えていったことを考えても明らかなことです。大切なことは安定して毎月稼ぎ続けること、そのためにいいサービスをお客様に提供し、お客様にご満足いただくこと、このことが三方よしのビジネスや、うつでも起業で生きていくためにとても大事なことです。

まとめ

- うつの人が生き残るには「最大の努力」で「最小の成果」を出そう
- ましな体調のときに魂を入れて、一つひとつの仕事を丁寧に真面目にこなそう
- 「本当に好きなこと」を事業にしよう
- 「人からどう思われるか」ではなく「まず自分が生き延びることができるかどうか」を考えよう
- 「お客様が本当に求めているものはなにか」を死ぬ気で考えよう

第8章

人を雇うことについて考えよう

うつ病の社長はうつ病の人を雇おう

さきほどの章では変化が激しいビジネスの世界でどう稼ぎ続けていくかについてお話ししました。つまり事業を安定して継続させるためには、「外からの脅威」に対し、いかに事業を守るのかが大切だ、という話をしたのです。そしてこの章では、「内からの脅威」、つまり儲かっている事業を乗っ取ろうとするスタッフから事業をどう守るかについてお話しできればと思います。

うつ病の社長がスタッフに事業を乗っ取られる理由

まず、大前提として、起業というのは修羅の世界です。一瞬うまくいく人はたくさんいますが、継続してうまくいく人は本当に少ない世界です。ですから、就職活動はうまくいかない、ようやく就職した会社は追い出される、という散々な目にあったとしても、すぐ起業に飛びつくことはよくないことです。まずは起業にあたって想定される悲惨な目をいかに回避するかということが大事になります。

起業には二つの戦いがあります。一つは外敵との戦い。これは競争相手との戦いです。そもそも競争相手があまり存在しないマーケットもありますが、そういうマーケットはよほどの例外を除くと、儲かりづらいことが多い。基本的に儲かることをやろうと思っていれば、多かれ少なかれ外敵がいるのは当然のことで、さらにその外敵は起業当初の場合は、ほぼ確実にあなたより強いわけですから、そのことも踏まえたうえで対応を考える必要があります。その部分については再三再四この本でも述べてきました。

では、儲かり始めたときに出てくる内なる敵についてはどうでしょうか。この部分については、この本では今まであまり言及してきませんでした。しかし、これはなかなかバカにできない部分です。事実、私が知っている多くの塾も、内部の関係者に乗っ取られたり、顧客を引き連れて独立されたりするなどの形で撤退・倒産の憂き目にあっているのです。

ここでは、こうした事態を避けるためにどうすればいいかについて話したいと思います。

まず、大前提として私が気をつけているのは、**起業家志望は雇わない**ということです。これは大前提です。起業家になりたいのであれば、さっさと起業してもらったほうがいい。そのための尽力は惜しみません。投資家を紹介することもあれば、スタッフ候補を紹介することもあります。事実、私の塾の慶應合格者には多くの起業家がいて、現在ではそれなりに成功している卒業生も多く、羨ましい限りです。起業家になりたい人は、塾経営などというさほど儲からない事業にかかわる前に、もっと儲かるものでさっさと起業してしまったほうがいいでしょう。

なぜうつ病のスタッフがいいのか？

一方で、私が好んで雇うのは、起業以外の明確な目標があるスタッフです。現在の布陣でいえば、たとえば研究者をめざしていて海外の大学院に留学中のスタッフがいます。こういうスタッフはとてもいい。なにせ大学に入っていきなり起業したいなどという「無」の大学生よりも遥かに勉強熱心ですし、人間としての生臭さがないので生徒さんからの評判もいい。

あとは、私たちのサービスが基本的には添削事業だということもありますが、うつ病をはじめとしたメンタル的な困難を抱えている方は、好んで採用しています。実はこれには、私がうつ病だということ以外にも、苦い思い出がありそうしているのです。

私が塾を起業して2年目ぐらいのときでしょうか。当時はまだ塾としても無名で、あまり優秀な生徒さんも入ってこなかったので、きちんと添削をすると親御さんからクレームをいただくことが多かったのです。いわく、「うちの子供が添削されまくって落ち込んでいる、どうしてくれるんだ」というクレームです。当時たまたまワタミの渡邉美樹会長が書いた『夢に日付を！』を愛読していた私は、これはまずいことになった、土下座接客をしなければと思い、厳しく添削していたスタッフをシフトから外し、とりあえずポジティブな感じの明るい合格者スタッフを紹介しました。

その効果はてきめんで、一カ月後、私がその子の小論文を添削したときに、私は愕《がく》然《ぜん》としました。ぜんぜん小論文の書き方が改善されていないのです。これはまずいと思い、とりあえず『夢に日付を！』に書いてあることをあまり信用しすぎるのはやめて、高校時代不登校だったが小論文だけはめっぽううまい、というスタッフをシフトに戻しました。その代わり、あまりバカなお客様が来ないように、広告は3万字ぐらいを読まないとお問い合わせできないものに変えましたし、教材も動画もどこの塾よりも難しい話をするようにしました。

スタッフではなくお客様のほうを変えることにしたのです。その結果、合格者はどんどん増え、中にはかつての私のように、うつ病であっても合格する人も出てきました。この意思決定が、弊塾が塾業界で生き延びることができた一番の分岐点だったと今でも思っています。

うつ病のスタッフには元気がいいときだけ働いてもらうこと

さて、このような形で、うつ病で外にはあまり出たくないが、小論文を書くことにかけてはめっぽう優秀というスタッフを集め始めました。実際、弊塾の合格体験記を読んでいただくとわかると思うのですが、合格者から一番寄せられる声は「講師がとにかく優秀だった」ということです。それはそうだと思います。正直自慢になりますが、私の塾ほど講師が優秀なところは、同価格帯の個別指導塾では皆無です。なぜなら、外にはあまり出たくないけど極めて優秀である人ばかり雇っているからです。

ただ、こういうスタッフに楽しく働いてもらうためには、工夫が必要です。私はなにもスタッフに毎日元気でいてほしいとはまったく思いません。うつ病やそれに近い疾患を持っていれば毎日元気というのはなかなか難しいでしょう。しかし、せめて指導するときぐらいは元気でいてほしいと思っています。

ですから、私はスタッフが体調不良などでシフトをドタキャンすることに寛容です。ほかのスタッフもそれぞれのスタッフの事情はわかっていますから、仮にドタキャンがあっても、弊塾ではだいたい1分以内に代講のスタッフが決まります。だからこそ、うつ病であっても働きやすい職場が実現できているのです。

当たり前ですが、うつ病患者であっても、落ち込んでいるとき以外は元気なのです。だから、落ち込んでいるときがあるからといって、すべてひっくるめて無能扱いしないでほしいと本当に思います。私はスタッフが落ち込んでいるときに仕事してほしいとはまったく思いませんから、弊塾の講師は、少なくとも仕事をしているときに限っていえばみんな元気です。だからこそ、顧客に対していいサービスを提供することができて、競合他社に勝つことができたのです。そうでなければ、競合他社に勝つことなんかできません。


うつの人の元気な瞬間を寄せ集めた会社は、21世紀最強の企業になると、私は半ば本気で信じています。

うつの人に適した環境を整えよう

そういえば、こんなえらそうな本を書いている私ですが、今まで何度か校舎を作ろうと試みたことがあります。昨年も2カ月ほど、１００万円ほどのコストをかけて新宿駅近くに仮校舎を作ったことがあります。その結果は、散々たるものでした。

まず、弊塾の合格体験記を読んでいただくと、早慶上智合格者の中にも、精神的に不安定でほかの塾には行けなかったと書いている合格者が多いことに驚かされると思います。実はうつ病以外の理由でも、ＨＳＰの患者さんなど、学校に通ったり外に出たりするのは苦手だけど、家の中であればほかの人よりも抜群に優秀な成績を上げられるという人が案外多いのです。

そんなわけで、校舎のために物件を借りて優秀な生徒さんを数人集め、講習を始めようと思ったのですが、誰も校舎に来ません。どうしたことかと思い、用を足しにトイレに行ったら、生徒が隣のトイレでひたすら嘔吐《おうと》しています。困ったなと思いながら様子を見ていたら、もうひとりの生徒がやってきて、同じくトイレで嘔吐するのです。これでは毎日学習会ではなく、嘔吐学習会です。なるほど、こういうお客様に私は支えられてきたんだと思いました。インターネットでしか指導してこなかったからよくわからなかっただけで、実はお客様にもメンタルを病んでいる方が多かったのです。

またネットであれば、授業30分前からスタンバイしていられる優秀なスタッフがいるのですが、校舎で働くようになると平均2時間ぐらいは遅れるようになりました。これはもう校舎経営は無理だと思い、手を引きました。その次の月にコロナの流行が始まったのです。今では、このスタッフにも生徒さんたちにも本当に感謝しています。彼らがこの社会のカナリアだったのだと思います。

うつの人は、総じて生真面目で仕事能力は高い。体調が悪くて一時的に能力が低くなっている人もいますが、それは水に濡《ぬ》れたアンパンマンと一緒で、一時的なものです。基本的には生真面目で仕事能力は高い。そのことには自信を持っていいと思います。そのうえで、うつの人には未来が見える。現代の社会で、儀礼とか慣習とかでなんとなく残ってるけどどうも使いにくいな、というものにうつの人は最初に気づくのです。

コロナ禍の世界を見てください。私は高校1年生以来15年間、うつ病だということで散々な思いばかりしてきましたが、今回はまったくの無傷どころか貯金は倍に増えました。２０２０年ほど、うつ病でよかったと思った年はありません。うつ病で外に出るのも人に会うのも嫌だったので、家の中ですべての仕事が完結するようにしていましたし、Ｗｅｂサイトも動画も書籍もこだわりを持って作ることができた。それがこのタイミングで一気に花開こうとしています。

ただ一方で、この状況で悲惨な目にあっているうつ病の方が多いことも重々承知しています。私自身、うつを患っている大学の後輩から、内定取り消しにあったという相談を受けていますし、みなさんもご存じのように多くの芸能人の方が自殺されています。こういう不況のときに、一番に割りを食うのはやはり弱い立場の人です。うつ病患者なんか一番に割りを食ったといえるでしょう。

　コロナはまさに戦争です。第二次世界大戦が終わったあとと同じような困難が、今、我々の身に振りかかってこようとしています。第二次世界大戦終了後、なにが起きたかを考えると、植民地だった韓国や中国が強い立場となり、韓国人や中国人は闇市で大活躍、その後の日本の実業界では、今でも韓国系や中国系の起業家が大活躍しています。

思うに、アフターコロナの世界でも同じようなことが起こるのではないでしょうか。

私の事業は、うつ病患者が経営し、うつ病患者がスタッフになり、うつ病患者が利用するのに最適化された形で運営されてきました。

　それがコロナ禍の今日において、たまたまコロナ禍に最適化された形の事業として、実際に顧客も増えていますし、うつ病にとってはあまりいいことではないですが、毎日大忙しです。こういう時代の変化を考えると、**アフターコロナの時代では、うつ病起業こそがむしろ時代の精神に適合した起業**だといえるのではないかと思うのです。

うつの人のほうが仕事に向いていることがある

日本社会では多くの場合、10時間のうち1時間でもパフォーマンスが悪いと無能認定されて、評価が著しく下がります。ほかにも日本の商品市場では同じような性質があり、たとえば1度でも人が住んだ一軒家は、それだけで価値が何百万円も下がりますし、中古車も同様です。八百屋に売っている野菜に至るまで、日本ではとにかく過剰なまでの完璧さが求められます。

しかし、これだけ人材不足だといわれている時代に、たかだかうつ病だというだけで無能の烙印《らくいん》を押され、どの職場からも追い出されるようなことがあって本当にいいのだろうかと思うのです。それはとてももったいないことなのではないかと思うのです。

私自身、多くのうつ病の生徒さんやスタッフと接して感じたことがあります。当たり前のことですが、難関大学に合格できるうつ病の生徒さんは、難関大学に合格できなかった健康な生徒さんよりもよく勉強していますし優秀です。また、いずれは起業したいという「無」ではあるが健康な大学生よりも、上場などを含め、一通りのことを経験したうつのベンチャー企業戦士や大企業で活躍したことのあるうつ病患者のほうが、人材としては優秀です。だいたい優秀なうつの人は、そうではない健康な人の10倍〜１００倍は仕事ができます。そう考えれば、うつの人も案外捨てたものではありません。

あと、うつの人が起業した場合に、ほかの大企業の管理職や中小企業の経営者と比べて有利なのが、どのようにうつの人をマネジメントしたらいいかが、ある程度はわかることです。もちろん人により病状は千差万別ですが、少なくともうつ病経験がない管理職よりは、うつ病経験がある管理職のほうが、うつ病のスタッフをマネジメントしやすいはずです。

この章では、うつ起業における雇用について考えてきました。うつの人にはうつの人にしかわからないこと、できないことがありますが、決してそれはマイナスなことではありません。雇用のみならず、うつ病を患ったからこそ獲得できた視点を活かして、世の中にいい影響を与える事業展開をめざしましょう。

まとめ

- スタッフを雇うときはうつの人にしよう
- 起業以外の明確な目標のあるスタッフを雇おう
- スタッフの調子が悪くなっても、業務に支障が出ないような工夫をしよう
- アフターコロナの世界ではうつ病起業が適している
- うつの人は、場合によっては健常者の10～100倍仕事ができることもある

第9章

うつの人が生き延びる方法を大富豪から学ぼう

高額納税者ランキングから大富豪の性格を分析してみる

ここまで、うつ病の人が起業するにあたって、どのようなことに気をつければいいかを一通りおさらいしてきました。

しかし、ここまで読んでもまだなお、うつの人に本当に起業などできるのかと疑問をお持ちなのではないかと思います。そこでこの章では、うつ病などの精神疾患を抱えていると思われる起業成功者の例をとりあげながら、うつ病などの精神疾患を抱えながら起業を軌道に乗せるためにはどうすればよいかを考えていければと思います。

まず、最初に私がおこなったのは、２００４年分まで実施されていた「高額納税者ランキング」の中に、どんな性格の人がいるかを調査することでした。その結果、たまたま私の友人の父親がいたので、どんな性格だったのかを彼に直接聞いてみることにしました。

その結果明らかになったこととして、彼は私たちが想像する大富豪とは異なる性格をしているということでした。

- 人と話したりするのが好きというよりは、本を読むのが好き
- 文章を書くのが好きで、だいたい週1回ぐらいのペースで本の原稿を書いている
- 本のタイトルは『「有名人」の伝言』のような有名人のネームバリューに乗っかったものが多く、効率的な集客を意識している
- 非常に教育熱心で、子供のうち何人かは東大に入れている
- 親切で温和、というよりは、落ち込んだり盛り上がったりが激しい性格
- 軽井沢や那須の別荘で過ごすことを好む内向的な性格

このような条件は、実は現在のネットビジネスで生き抜くうえでも必要な条件で、案外我々うつ病患者はこういう起業家こそむしろ模範にすべきなのではないかと思い

ます。大富豪というと一般に、

- 人と話したりするのが好き
- 勉強をするよりは、ひたすら行動している
- 自分の力だけで事業を大きくする
- 子供は外で遊ばせておく
- スタッフにも家族にも親切で温和

というイメージをお持ちの方が多いですが、世の中にはいろいろな大富豪がいるのです。

大富豪が持っている「信じ込める」という才能

私はこの話を聞いたとき、ずいぶん意外な気持ちがしたものでした。人生の中で大

富豪とほとんど縁がなかった私は、大富豪と聞くと田中角栄《たなかかくえい》氏のように気配りが行き届いていて、外交的で、大笑いしながらすべてを受け流し、ブルドーザーのように動き回る人間を想像していたからです。

ただ、当たり前のことですが、大富豪といってもさまざまな性格特性の人がいます。明るい大富豪もいれば、暗い大富豪もいるわけです。私たちうつ病患者が、田中角栄氏のような明るい大富豪をめざすと破滅します。そうであればむしろ、暗い性格の大富豪のやり方から学んだほうが得策なのではないかと私は考えます。

まず、この私の友人の父親のやり方が素晴らしい点は、本を書きまくっている点です。これは見習わなくてはと思い、私も個人的に経営している「しょぼい出版事業」で現在20冊ほどの小論文・AO入試に関する参考書を出版しています。

また、本の題名も素晴らしい。やはり起業家というのは立ち上げ当初は無名なわけですから、他人のネームバリューはどんどん活用すべきです。私が経営している学習塾にかんしてもそうです。たとえば「慶應義塾大学対策」「早稲田大学対策」「上智大学対策」などのメニューを取り揃《そろ》えることで、これらの大学のネームバリューに依存する形で事業を成り立たせることができるようになっています。基本的にＳＥＯ対策やYouTube SEO対策、Amazon対策を考えても、やはり有名人や有名企業のネームバリューは徹底活用したほうがいいでしょう。

そして、彼に限らず、**多くの大富豪に共通しているのは「信じ込む力」**です。起業とは本質的に儲かるか儲からないかわからないことをすることです。ですから、まず自分がこれからやろうとしていることを強く信じ込めることが大切です。こうした信じ込める力というのは、やはり我々が大富豪から学ぶべき一つの要素だと思います。

「寄生虫商法」と「貯金商法」

また、友人のお父様は、日本中にたくさんの不動産を持っています。これも内向的な起業家にとっては、大切な保険になると思います。田中角栄氏のようにいつも元気なのであればまだしも、元気じゃなくなる可能性があるなら、不動産であれ、書籍であれ、動画であれ、Ｗｅｂサイトであれ、とにかく広義の「貯金」を積み重ねることが大事です。

戦術的には、有名人のネームバリューに乗っかる「寄生虫商法」でお金を稼ぎ、そうして貯まっていった資産を背景として、不動産であれ書籍であれ動画であれＷｅｂサイトであれ、とにかく広義の「貯金」を積み重ねる。この勝ち筋は、今日でも間違いなく通用する経営のゴールデンルールです。

アメリカの大富豪は「ハイパーポジティブマン」ばかりなのか？

まだこれでも納得いかない、こんなもの標本数が一つしかないじゃないかと思う読者の方もおられると思います。そこで、今回紹介したいのは『The No Asshole Rule』(邦訳版『あなたの会社のイヤな奴』ロバート・I・サットン著、矢口誠訳、講談社)という洋書です。内容としては、**アメリカを代表する起業家のほとんどは精神的に大きな問題を抱えており、世間一般でいわれている大富豪像は虚像にすぎない**ということを明らかにしています。

アメリカの大富豪というと、私たちが一般的にイメージするのはトランプ前大統領やロバート・キヨサキ氏のような、黒光りした細かいことは気にしなそうな男性です。しかし、実際この本に書かれている大富豪は、この二人のような性格ではありません。**むしろ細かいことばかり気にして、とにかくパラノイアのように一つの事業の成功に執着している**というのが、『The No Asshole Rule』から学べるアメリカの大富豪の典型像です。

私も含め、多くのうつ病患者はトランプ前大統領やロバート・キヨサキ氏のようにはなれないでしょう。なりたいとも思いません。ただ、『The No Asshole Rule』に掲載されているような、一つの事業の成功に半ばパラノイアのように執着し、周囲の人を振り回し、結果孤立してしまった経験は私にもありますし、あらゆる事例において、おそらく多くのうつの人が似たような経験をしているのではないでしょうか。そう考えれば、私もあなたも、さきほど紹介した高額納税者ランキングにランクインしていた大富豪やアメリカの大富豪のように、大きな社会的成功を収められる可能性も十分あるのです。まず、生き延びることが大事ですが、そのうえでやはり商売人なわけですから、本音をいえば大富豪になる夢は捨てたくありません。こういう大富豪もいるのだということは、ずいぶん励まされる事実だと思います。

「パラノイアしか生き延びることができない」

実際、『The No Asshole Rule』のほかにも、多くの大富豪がパラノイアであることを示す研究は多々あります。たとえば有名どころでいうと『ビジョナリー・カンパニー』（ジム・コリンズ著、山岡洋一訳、日経ＢＰ）では、多くの偉大な企業を分析した結果として、経営者にはパラノイア的性格が認められたということを学術的に示しています。

パラノイアというのは、事業の成功のことだけを考えて、半ばストーカーのような異常な執着心をもって事業に邁進《まいしん》する人のことです。私にもそういう性質がありますし、あなたにもそういう部分はあるのではないでしょうか？　だとしたら、私もあなたも実は大富豪への道に片足を突っ込んでいるといえるかもしれません。そうでありたい、そう信じたいという願望も込めて、そう思い込んでおきましょう。

　私の今までの乏しい経験から考えても、パラノイア的な性格というのは、あなたが頭の中で考えていることを現実化するために必要な唯一絶対の条件だと思います。この本を読んでいざ起業してみようと意気込んでみても、物事というのはそうすんなりとはうまくいかないものです。**うまくいかないことが多い中で、それでも事業をそれなりに軌道に乗せようと思うのであれば、事業を軌道に乗せることに対して執着し、毎日毎時間そのことを考え続けること**です。

　それができるのは、なにも人格者だけではありません。むしろ生真面目すぎて、周りの人からドン引きされるぐらいのほうがいい。そもそも性格がよく、人格が温和で、よき理解者に恵まれているのであれば、別にうつ病だろうが、うつ病じゃなかろうが、起業などする必要はないのです。そうでないからこそ問題はより複雑化するわけですし、上司にも部下にも家族にも友達にもとやかくうるさく言われたくない、全員黙らせたいということで起業という選択肢が現実化してくるわけです。そのことについて、よくよく考えなければいけません。

ケチケチ起業は心の筋トレ

私自身、起業してある程度経ってから高校時代の友人に言われて気づいたことですが、やはり高校時代の私には、ずいぶん人格的な問題があったように思います。当時の動画などが残っているので時々見るのですが、自意識過剰で見ていてムカつく高校生でした。今でも人格的に相当問題があるほうだとは思いますが、棘《とげ》の多い門松をくぐってきたおかげで、多少は人格的に丸くなったようにも思います。が、もしかしてそれは私自身の単なる誤解で、今でもだいぶ人格的には問題があるのかもしれません。

いずれにしても、私の場合よかったのが、お金がないところから起業したことです。そうするとやはり極力お金を使わずにどうにかしたいと必死に努力をして、今日まで生き延びてこられたのです。これが非常によかったと思っています。

お金がなければ自然と工夫する心が生まれるからです。広告を出すお金がなかったら、検索エンジンで一番上に来るような記事を作るにはどうすればよいか、お客様はなにを考えて記事を読んでいるのか、そもそも人はなにを考えて生きているのか、そういうことを毎日毎時間片時も頭から離さずに考えるようになります。優秀な人を雇うのに十分なお金がなければ、外に出ていない優秀な人はどこにいるのか、いろいろな先輩方に紹介をお願いしたり、話を聞きに行ったりせざるを得ません。初期のスタッフはそういうふうにして集めました。また、せっかく採用できたスタッフですから、風邪を引いていたら果物の差し入れをするなど、とても丁寧に接しました。とにかくお金がなかったので、物腰だけは柔らかく、というのが習性になりました。

お客様を見抜く「降霊術」のすすめ

また、さまざまなお客様と接するようになり、私はそれぞれの成績、住んでいる地域、経済状況などに応じて、それぞれの生徒さんがどんなことを考えているかを青森の霊能者である「イタコ」のように当てることができるようになりました。この「降霊術」というのは、大富豪になるために必要不可欠の能力のようで、実際にさきほど紹介した大富豪の方もこの「降霊術」で財を成したようです。

実際にこの「降霊術」をやってみるとわかりますが、これはたしかに大富豪になるためには必要不可欠な能力だなと改めて実感させられます。お客様がなにを考えているか、スタッフがなにを考えているかがピッタリわかれば、難しい経営も楽勝になるからです。ついでにいうと私の友人もこの「降霊術」ができるようですが、私はまだ修行不足でみなさんの目の前で降霊術を披露できるほどではありません。特段霊的能力もない私ですが、日々スタッフやお客様がなにを考えているか、自分で勝手に妄想しながら事業を前に進めています。

なにはともあれ、コロナの時代に経営を成功させるためには、この「降霊術」は必要不可欠な能力になってくると思います。なぜなら、今まではなんとなく子供の教育のためだから、とかそういったふんわりとした気持ちで学習塾に多額の出費をされる親御さんもいましたが、これからの時代、そういうふんわりとした理由で学習塾に出費される方は相当減ると考えられるからです。そうした厳しい経済状況の中で、お客様とスタッフの心をつかむには、彼らがなにを考えているのかを「降霊術」を使っているがごとく把握できることはやはり極めて大事だとつくづく痛感している毎日です。

うつの人はとかく生真面目で、共感性が高い人が多いように思います。だからこそ、生きづらさを抱えているわけですが、どうにか一歩踏み出して、さまざまな人々と関わることによって、人の気持ちがわかるようになり、それが商売繁盛につながるのではないかと思います。

降霊術を使っているのではないかと思われるほどまで人の気持ちがわかるようになれば、あとは寝ていても起業で生きていくことができるようになると思います。

まとめ

- 大富豪の性格はうつ病患者の性格と共通点がある
- 暗い性格でも「信じ込める力」があれば大富豪になれる

●生真面目すぎてドン引きされるくらいがちょうどいい

●「降霊術」を使っていると思われるくらい人の気持ちがわかるようになろう

第10章

うつの人と社会との関係について考えよう

日本でうつ病として生きていくこと

ここまで、うつ病でも起業を成り立たせる方法、メンタルに問題があっても成功した大富豪についてを書いていくことで、うつ病のあなたでも起業に踏み切るための材料を提供してきました。この章は最終章ですので、現在の日本社会の中でうつの人がどのような立ち位置にあるか、そしてそれをどのように変えていくことで、よりよい日本社会が実現するかについて書いていきたいと思います。

うつの人は死ぬべきなのか？

まず、コロナ禍の今の日本の状況について、一通りまとめておきましょう。今の日本社会の状況を整理すると、**過剰なまでに一個人に生産性を求められる時代なのでは**

ないかと私は考えています。

たとえば、ある国会議員が同性愛者の方について「生産性がない」と発言したり、障害者施設で大量殺人を犯した被告が「障害者には生産性がない」と言ったり、また、政府の政策でも「生産性向上」が強調されています。そうした中で、有力政治家の中からは「安楽死」についての議論を前向きに進めてみてはどうかという意見も出ています。

ただ、私は**うつ病患者の一人として、日本のような同調圧力が強い社会で「安楽死」導入について議論することは明確に反対**です。「自殺しろ」という言葉が一種の罵倒語として存在する社会で安楽死が認められたら、「空気を読んで安楽死しろ」という罵倒が流行するに決まっているからです。ですから私は、少なくとも現状の日本社会においては「安楽死」について議論すること自体に反対します。

「うつ病だから死ね」という社会では景気は回復しない

そもそもの問題として、今の日本は「働いている人」が不足している社会です。ざっくりした数字として、日本の人口は１・２億人、そのうち労働者人口が６０００万人で、労働していない人の人口が６０００万人です。

コロナ禍で、労働人口はどんどん減っています。２０２１年1月の労働力調査（総務省）では昨年の同じ月とくらべてみると労働者が50万人も減っています。このままこのような状況が続けば、やがて労働者の人口より労働していない人の数のほうが多い社会へとなっていくでしょう。

このような社会でまず大切なことは、「働いている人」を増やすことです。ところが、今の日本には「働く場所」がありません。もともと日本は起業意欲が著しく乏しい国ですから、アフターコロナに向けた新産業を立ち上げることのできる若者が、壊滅的に少ないのです。優秀な若者は、その大半が大企業や官公庁に勤め生涯の安定を夢見ますし、ごくわずかに残った優秀な若者も、とりあえず周りのみんなと同じ商売がしたいということで、バー経営や居酒屋経営に精をだします。これらの商売に多くの若者が手を出し、そしてこのコロナ禍で一気に閉店に追いやられました。このままでは、今後の日本には相当ひどい大不況が来ると直感しています。

そうした中で今の日本に必要なのは、アフターコロナ時代に対応したお客様にたくさんのお金を使っていただける商売です。私が経営しているネット家庭教師事業は、まさしくそうした事業だと確信しています。私の塾では毎日10分しか指導しません。勉強は、勉強の内容そのものを教えることよりも、勉強しているかどうかを確認することのほうが大切だという考え方のもと、勉強の内容そのものについては事前に1〜2時間程度の解説動画で確認していただき、添削課題を毎日10分、盆も正月も休まずおこなうという仕組みで運営しています。

まだまだ大成功とまではいえないけれど、一応は軌道に乗ったと判断して差し支えがない状況になったと思っています。もちろん今後も拡大していくべくどんどんがんばっていきます。油断はしませんが、こういう**「ちょっと変なビジネス」がこれからの日本に増えていくことが、アフターコロナの日本の景気回復のためには必要不可欠だ**と私は確信しています。そういう思いもあり、今回は私の事業をどのように運営しているかをこの本で余すことなくお伝えしました。

これからの日本にとって、コロナ後の景気回復を実現するために必要なことは、**なにはともあれ自分と異なる考え方を受け入れること**です。**うつ病だから死ね、○○人だから死ねというような誹謗中傷が飛び交う世の中では、コロナ後の新しい展望を拓く、新しい産業は生まれてこない**と思います。これからはこれまでとは違うのだという感覚を持ち、新たな事業構造を構築していかなければなりません。

働けるときは働こう

これからの日本で起こることが予測できない、と多くの方が言いますが、私にはそうは思えません。目を凝らして見てみれば、これからの日本でなにが起こるかは極めて明白です。

まず公的年金制度は間違いなく破綻します。なぜなら、日本の年金は賦課方式で、我々が払っている年金が、そのまま今の親世代の年金になる仕組みだからです。そもそも働かずに金をもらおうというのが、ちゃんちゃらおかしい考え方なのです。どうせもらえないと開き直っていれば、あくまでも税金として年金保険料は支払い、老後資金はそれとは別に形成するという考え方になります。

日本はますます衰退していくでしょう。この予測が私のうつ病患者ゆえの悲観論であることを願っていますが、残念ながら単なるうつ病の戯言《ざれごと》ではなく、現実になりそうです。

この沈みゆく日本で、我々にできることはとにかく働くことだけです。年金はどうせもらえない、障害年金も生活保護もかなり怪しいわけですから、高齢者だろうがうつ病だろうが働けるときは働きましょう。そして、働けるときにちゃんと「貯金」「YouTube貯金」「Google貯金」「Amazon貯金」の四つを作って、いざ働けなくなったら日本で最低限の生活費で暮らすもよし、物価が安い南の国で暮らすもよし、自由に楽しく暮らせばいいのです。毎日働けとは言いませんが、少なくとも体調がいい日は限界まで働いて、体調が悪い日は寝込むことで帳尻を合わせていくことが大事です。

この本を通じて、私があなたに知ってほしかったことは、こういう働き方もある、ということです。「こういう働き方もある」と知っておくことが、時と場合によってはその人の心を救うことがあるからです。

私がこの本を通じてあなたにお伝えしたかったことの一つは、多様性、ダイバーシティーです。この世の中にはいろいろな人がおり、いろいろな生活があります。**決して多くの人が思い描くような、大企業や官公庁に勤めて、60歳まで安泰に過ごすというだけが人生ではない。**それ以外の人生もたくさんあるのだということをあなたに知ってほしいのです。そして、どの人生を選ぶかというのは結局あなた自身の問題なのです。私がそうであったように、あなたも自分自身の人生を選ばなければならない。ただそれだけの話です。

だから、あなたがもし今、毎朝会社に通えなくても、思うように仕事ができなくても、大丈夫です。だから安心してほしいのです。必ずあなたにもあなたに合った生き方が見つかるはずです。そしてこの本がそのヒントになればいいと思っています。

どうしても働けない人はずっと家で寝ていよう

ただもう一つこの本を読んだうえで、私がかつて「自己啓発本」を読んで抱いたような焦りを感じないでほしいとも思っています。それは私の本意ではありません。**今の段階で、どうしても働けない人はずっと家で寝ていてください**。それがあなたが回復する一番の近道です。経験上断言しますが、それ以上の近道はありません。

あなたには価値があります。たとえ今あなた自身に価値がないように思えても、あなたは将来必ずなにかしらの価値を生み出します。価値を生み出すというのはそれほど難しい話ではないのです。あなたにカレーを盛り付けてもらってありがたいな、おいしいなと思う人がいれば、それだけで十分あなたは価値を生んでいるのです。たったそれだけのことで、誰かが明日がんばって働こうと思うくらい元気になるなら、こんなにありがたいことはないじゃないですか。

だから、**今日あなたが生きている価値を感じなくても、生きていてもどうしようもないような気がしても、消え入りたいような気持ちを抱えていても、今日という一日を生き抜いてください。あなたには価値があります。**だから今日という一日を生き抜いてください。別に寝ているだけでもいいんです。あなたはそれだけで十分立派ですし、ご自身の果たすべき役割を今日一日果たしているのです。

人間はそんなに立派なものではないと開き直ろう

そもそも、人間はそんなに立派なものではありません。私がこの本のこの箇所を書いているのは、朝5時24分ですが、ここ3日ほどろくに寝ないで書いているせいか、この本を読んでいるあなたがファンレターとかくれたらすごい嬉しいなと思いながら、自分の気力を振り絞って書いています。ラインのQRコードでもつけようかという話をしたら、友人のえらいてんちょう氏から「それはよくない」と言われたのでつけませんが、ファンレターはお待ちしていますので、どうぞご自由に出版社までお送りください。Twitterもしていますので、フォローしていただければ嬉しいです。うつ病なので返事を書くにも苦心しますので１００通に99通ぐらいは読んだまま返信できないと思いますが、残り1通ぐらいは気分で返信すると思います。Twitterも同じくです。それでもよろしければファンレターやTwitterでリプいただければ幸いです。とにかくこんなかんじで立派なことを言っている私ですが、たいして立派な人間ではないのです。

世のため人のため、そしてもちろん自分のために

私の好きな言葉で**「世のため人のため、そしてもちろん自分のために」**というもの

があります。私はこの言葉を地でいく人間でありたいと思っています。一般に「世のため人のため」だけでは事業は永続しません。なにより自分のために事業をおこなうことで初めて事業は永続性を持ちます。スタッフも巻き込んでみんなのために事業をおこなえばさらに力は増します。私は「人のため世のため、そしてもちろん自分のために」。これからもうつ病患者なりに仕事もプライベートもがんばっていきたいと思います。

まとめ

- うつ病患者が排除されるような社会では日本はますます沈没する
- 元気なときにできるだけ働いておこう
- 調子が悪いときはとにかく寝込んでおこう
- 自分に価値があることを忘れないようにしよう

対談

「選択肢」としての「うつ病起業」

和田秀樹×林直人

新型コロナ不況により、うつなどの精神疾患を抱える人が増加している。生きづらい現代を生き抜くための一つの方法を提示した本書の著者である林直人が、精神科医であり、同じ教育・受験業界の専門家でもある和田秀樹氏に話を聞いた。

――コロナ禍で浮き彫りになる「働くことのストレス」

和田　僕はね、この「うつでも起業で生きていく」というのは、非常にいいコンセプトだと思っています。

林　そうですか。ありがとうございます。

和田　というのも、新型コロナの流行で、日本の人々がなににストレスを抱えているのかというのが僕の中で見えてきたからなんです。じつは僕は、2020年の自殺者数は3万人ぐらいに戻ると予想してたんですよ。

林　景気が悪くなるとどうしても増えますよね。

和田　まず景気ですよね。でも、それ以外のリスクもものすごく増えているんです。セロトニンという神経伝達物質がありますね。これが出ないとうつになる、とされています。うつの人は医者からずいぶん聞かされていると思うけど（笑）。

林　はい、何回も聞かされています（笑）。

和田　陽に当たらないとセロトニンが出ないので、自粛生活やステイホームということそのものがうつのリスクになるわけです。

それから、日本人のうつ予防に非常に効果があるといわれているのが、「飲みニケーション」のような、人と会って話すことでストレスを解消すること。日本ではあまりカウンセリングが発達してない代わりに、こういった場でいろいろな話をすることによって、うつの予防になっていたんです。

林　はい。

和田　そんないろいろなことを考えたら、自殺者数が３万人を超えていた頃よりも条件は悪いと思っていたわけです。自粛生活で家にいる、外に出て人と会話できないからウサが晴らせない。おそらく食生活も偏るし陽にも当たれないから、セロトニンの出も悪くなる。そのうえ、失業とか、就職とか、経済的な状況も厳しいわけですよ。

林　私も、私自身は就職したことないですけど、大学生のアルバイトを雇っていて、彼らはかなり就職がキツそうですね。彼らの親御さんに一番言われるのは「就職の面倒を見てくれ」と（笑）。私に言ってもしょうがないんですけども……。

和田　そう、就職もできなければ、お店をやっても潰れちゃうってことだから、もう悪条件だらけなんですね。だから低く見積もっても（自殺者数が）多かった頃の水準、３万人程度まで戻るだろうと思っていたんですよね。２０１９年が過去最小の２万１６９人だったので、９０００人から１万人ぐらい増えると予測してたんです。新型コロナで亡くなる人よりも自殺者が増えた数のほうが多くなると。ところが豈図《あにはか》らんや、自殺者は１０００人も増えなかったんです（２０２０年の自殺者数：２万１１０８人）。

林　そうなんですか。どうしてなんですかね。

和田　その理由をいろいろ考えてみたんですけど、やっぱりね、一番大きな原因はね、**「人間関係のストレスから解放された人がそれだけ多い」**ということだと思うんですよ。

林　あー。そうですねえ。

和田　逆にいえば、自殺の最大の原因は、この対人関係のストレスだということなんですね。**会社が潰れるとか経済的なこと以上に、会社に行かなくて済むということが、いかに自殺を減らしたか**、という。

林　んー、なるほど。

和田　おそらくですけどね、大ざっぱにいえば、僕が増えると予測した１万人のうちの、９０００人の人が救われたから、差し引き約１０００人しか増えなかったと思うんです。つまり、**ステイホームで感じるストレスよりも、毎朝出勤していって、会社で感じるストレスのほうが大きかった**と僕は見たんです。

林　はい。会社組織の中で働くことのストレスが想像より遥かに大きかったことが見えてきた、と。

和田　そう。それはステイホームの世の中で初めてわかったわけです。また裏を返せばつまり、新型コロナに関係なく、うつの人の中には、会社組織から飛び出せば快適に働くことができるようになる人もいる、ということですよね。それが「うつでも起業で生きていく」っていいな、と思った理由です。

林　ありがとうございます。

――「選択肢」がいくつもあることを意識する

和田　新型コロナの流行で自殺者が思ったほど増えなかった、という話をしましたけど、それは私の予想よりステイホームでストレスが減った人が多かった、というだけの話であって、うつ病、抑うつ状態の人の数自体は増えていると思うんですよ。そもそも、新型コロナウイルスで自粛するしないの話をしているとき、「そんな生活を続けたらメンタルをやられる人が増える」という発想が、検討する人たちの間でどれだけあったのか、と思いますね。

林　そうですね。

和田　そもそも、日本の精神医療界では、体の調子が悪くなれば心の調子も悪くなる、心の調子が悪くなれば体も悪くなる、という「心身相関」という、内科由来の発想が長く忘れられてきたんです。その代わりに脳に関して生物学的に精神科の病気を診るんですね。私に言わせればよくわからない科学万能主義なんだけど、そこで「心」は完全に無視されてるんですよ。

林　うーん。なるほど。

和田　セロトニンなりなんなり、脳内の伝達物質が足りてないから、それを増やせば治る、と彼らは言うんです。うつ病の人が薬を飲んだら、そりゃ一時的には少し症状は軽くなりますよ。だけど、根本的に治してるわけじゃないから、半永久的に薬を飲まなきゃいけないみたいな話になるんですよ。それは結局、脳をハードとして捉えているからですよね。やっぱり認知療法であれ、物の見方を変える治療であれ、ソフトの方面にアプローチしないと本格的な治療はできないわけですよ。

林　難しいですね。

和田　だから、ハードをいじればソフトは治るという一面的なモデルはおかしいんですよね。コンピューターのバグだってそうで、バグは、ハードが原因というよりソフトが原因のことのほうが圧倒的に多いわけじゃないですか。

林　そうですね。

和田　僕は、「うつ病はソフトの故障」説なんです。「うつ病の人にセロトニンを足しましょう」というのは、これはあくまで対症療法なんです。たとえば、風邪を引きますよね。鼻水が出る、熱が出る。それに対して抗ヒスタミン剤と解熱剤を出す。これは鼻水を止めて熱を下げる対症療法ですよね。本質的な風邪の原因にはアプローチしていない。ただ、鼻水が止まって熱が下がったら楽になって自然治癒力が上がるから治るわけです。

林　なるほど。

和田　だとすると、こんなふうに考えることができるんですよ。うつ病の薬というのは、ＳＳＲＩ（※うつ病の治療に用いられる抗うつ剤）にしてもなんにしても、飲んでから効くまで2週間ぐらいのタイムラグがあります。なんでタイムラグが発生するかというと、僕が考えるに、セロトニンが足りないからうつになるんじゃなくて、うつになるからセロトニンが減ってきて、その結果不安感とかいろんな症状が出てくるんじゃないか。だから、セロトニンを足したら一時的に楽にはなるけど、本質的な原因にアプローチしていないからずっと薬を飲み続けなきゃいけないんじゃないか。

林　うーん、そうなんですか。

和田　いや、どっちが正しいかはわからないですよ？　この国は議論というものがない国だから、こういう定説と違う説は言下に否定されるけど。でも、「うつとはソフトのバグである」という考え方をすると、日本に蔓延《まんえん》している「かくあるべし思考」とか「二分割思考」、つまり正義の味方か悪の権化か、そういう心に悪い考え方をうっかり押し付けられて、ソフトがバグを起こさせられているともいえるんですよ。また、メディアがそういう報道しかしてませんからね。

林　なるほど。

和田　でも、うつの人に我々が一番重要だと思っているのは、ある問題に対して答えは一つじゃなくていくつもあるよ、という考え方を持つことなんです。たとえば僕は和田式勉強法というのを推進しているけど、精神科医としては、それで結果が出なかったらほかの方法も試してみてね、という立場なんです。

林　この本も、「一つの道だけじゃないんだよ、いろんな道があるんだよ」ということを提示したいと思っていて、それに意味があると思うんですよね。

和田　うつじゃなくても、みんなそうなんですよね。私がよく例に出すのは、開成高校出て東大出て財務省に入って次官候補になった人が、その道を外れて自殺した、という話があったときに、世間には「あの人は挫折を知らないからだ」なんて言われることがあるんですよ。でも僕はそうは思わなくて、選択肢を知らないから自殺することになっちゃったんだと思うんですね。たとえば開成に受からなかったら開成以外でどう東大に入るかを考えればいいし、東大に受からなくても慶應から官僚になる方法を考えればいいし、次官レースに負けたんだったらコメンテーターになるだとか、大学教授になるだとか、いろんな道があるわけじゃないですか。

林　そうですね。

和田　だからどんな道であれ、ダメだったときにオルタナティブ、ほかの選択肢が思いつく人は自殺に至ることは少ないと思うんです。「いじめ自殺」なんてその最たるもので、いじめは全国に何十万件と起きているんだけど、そのなかでも自殺に至るケースは多く見積もっても数百人ほどではないでしょうか。いじめられたからといって自殺に直結するわけではなくて、いじめられてるのに律儀に学校に通い続けるとか、ほかの学校に転校しないとか、スクールカウンセラーに相談しないとか、ほかの選択肢を知らない、知っていても選べないような状態だったから不幸なことが起きるわけです。

林　私も高校時代は不登校だったんですけど、なんか家にパンフレットがいっぱい届いたんですよ、「君は君のままでいいんだよ」みたいなのが。だけど、君のままでいいわけがないんですよ（笑）。なんの武器も持たずに高校生で不登校になって一生家から出ないというわけにはいかないから。当時は学校やめてそこから東大慶應あたりに行くのは難しかったけど、今ならちょっと検索すればいくらでも方法が出るんです。うちの塾でもやってますから。あと、私はうつ病であることを公表してますけど、それによって「ああ、うつになってもやり方によっては食べていく方法はあるんだな」と選択肢を見せていきたいなと。

和田　そうやって、人々にオルタナティブ、ほかの道を提示するというのは大事なことなんです。日本人は予期不安が強いのに、そうなったときの対策を考えないんですよ。たとえばガンになるのが怖いからって必死になってガン検診を受ける。だけど、いざ自分がガンになったときに、自分はここの病院に行こうと決めてる人は少ないんです。いじめもそうです。いじめをなくそうなんてバカなこと言って。

林　絶対になくならないですからね。

和田　なくならないんです。そんなありえないことを言ってないで、いじめられたときにどうするかというソリューションを教えていかなきゃいけない。会社だって「クビになったら人生終わりだ」じゃなくて、「クビになったら、こういう選択肢がいくつかある」ということを知っておけばぜんぜん違うんです。だからそれを普段から意識しておいてほしいですね。

――「自分には無理だ」とあきらめる前に

林　この本に書いてある具体的な方法論や働き方について、和田先生は精神科医としての立場からどう思われますか？

和田　当事者にしか書けない具体的なアドバイスがいいですね。「無理をするな」という発想が特にいい。いろいろな働き方もあると認めないほうがむしろおかしいと思いますよ。人間は毎日何時間平たく働けるものであるという考え方自体が、甘いし古いと思っています。やっぱり**この国の欠点は、「メンタルを大事にしよう」という発想がない**ところですよ。

林　メンタルはどれだけ使っても壊れないと思っているし、気合でいけるみたいなところがありますからね。

和田　「たるんでいるからうつになるんだ」みたいなバカなこと言う人がいたけど、これはもう、絶対にそうじゃないわけです。メンタルの浮き沈みは人によって違うし、それに合わせれば働き方も人によって変わるわけですよね。だから「働き方改革」と言われるものだって、非常に外形的だと思いますよ。ただ単純に労働時間、残業を減らせばいいという話ではないと僕は思っているし。

林　ええ。そうですね。

和田　僕が受験生によく言うのは、**「ノリがいいときにはいくらでもやれ、その代わり、疲れてるときは休め」**と。受験生にとって一番大事なのは自分に合った勉強のやり方を見つけることであって、無理をしてどこの大学に受かったって、そこで燃え尽き症候群になっちゃったら意味がないわけですよ。

林　私は高校時代に、たとえば数学の勉強で疲れたら気分転換にほかの教科を勉強しろ、というのを先生に言われて、たぶん私にはそれが合ってたんですね。だから今でも、原稿書いてて煮詰まったなと思ったらYouTubeの動画を編集するとか、どうしても疲れたら寝るとか旅行に行くとか、そうやって自分なりの形を見つけてるんですね。

和田　うん。

林　だから、朝早く会社に行って、夜遅くまで上司と飲んで、というやり方が合うという人はそれをやればいいんですけど、合わない人が無理に続けていると、心がどんどん死んでいくんですよね。厚生労働省なんかが自殺をなくしましょうと言っていて、もちろん自殺はなくなったほうがいいんです。でも、**肉体は生きているけど心が死んでいるという状態は、生きながらにして死んでいるようなもの**だと思うんですね。**自分なりにやりたいことを見つけてやっていけるというのが人生の楽しい部分**だと思うので、そういうものをうまく見つけていってほしいですよね。

和田　それはやっぱり、**試さないとわからない**んですよ。僕は37歳で常勤の病院を辞めて、その後はフリーターみたいなことをやってるわけです。心理学を教えたり、映画を撮ったり、本を書いたり、もちろん医者もやるし。それをマルチタレントだとか、勝手に買いかぶってくれる人もいるんですけど。

林　ケインズやシェイクスピアもマルチワーカーだったといわれていますね。

和田　でも別にそういうわけではないんですよね。一つのことだけやってられない。いろんなことをやってるから気晴らしができるんです。

林　複数のことをやることで、いろいろなレイヤーでリスクが減るんですよね。会社に勤めている、それしかやっていない、という人だと、明らかに相手がおかしくても、それが上司なら黙って従うしかない。ロジカルな議論なんてできないし、生きるか死ぬかを上司に握られているから、黒いカラスを白いと言わなきゃいけないことが出てくるんです。でも、**稼ぐ手段をほかに持っていれば、「違うと思います」と言える**んですよね。そうすると理屈が通らない会社からは人がいなくなって、理不尽、不合理、不経済な慣習が排除されていくから、

和田　国家レベルで見ても経済的に成長すると思うんですよ。上の言うことが絶対の社会なんて、停滞するに決まってるんですよ。そういう構造を脱却しなきゃ前に進めないのは国家も組織も一緒です。個人もね。自分が本当に自由なのか自省しなきゃいけない。日本の場合不思議なのは、独裁国家じゃなくて、建前は自由なのに思考の自由度がすごく低い。

林　本当にそうだと思います。

和田　そういう環境と戦える唯一の方法というのは、あなたがおっしゃった通り、その環境に従わなくても食っていける手段を持っておく、ということですよ。

林　うつの人、発達障害の人、あるいは性差別や移民の人もそうですけど、やっぱり差別される人が差別されなくなるために個人レベルでできる一番単純な方法は、その差別構造に組み込まれなくても食べていける強さを持つということだと思うんですよね。

和田　それをね、「そんなのうつや発達障害の人には無理でしょ」って言うかもしれないけどさ。有名な起業家や、発明家、芸術家や小説家なんかだって、発達障害の人やうつになった人はたくさんいるわけじゃないですか。だからありえなくはない話で、少なくともやり方を工夫すればできることがあるかもしれないのに、やる前から無理って言っちゃダメですよ。もちろん、これもあなたのおっしゃる通りで、発達障害やうつの人、全員が全員成功するとは僕も思わない。だけど、試して救われる人がある程度いることは確かなんです。

林　そうですよね。

和田　そりゃ、工夫してもダメだということもあるし、うつの人の思考パターンでありがちな、失敗を悪く考えすぎるとかね、向き不向きや特性もあるから。

林　うつの人の悲観的な物の見方が、逆にビジネスで甘く考えない、という意味でプラスに作用することもありますしね。生真面目な性格で、普通の人が雑にやっていることを丁寧にやることで成功することもありますよね。

和田　とにかくこの本もそうだけど、選択肢をたくさん用意しておくことです。

林　はい。たくさんの人に読んでもらえれば（笑）。

和田　最後にもうひとつだけ。すごく大事なことは、自分で抱え込みすぎないこと。

林　それはそうですね。この本でも書いてますけど、ある程度まで事業が回りだしたら人に任せたほうがいいんですよ。それを完璧主義的に自分で全部引き受けちゃうと身が持たないし、最初の出力で長くやるのも持たないです。

和田　使える手段はなんでも使えばいいんです。大切なのは自分に合った働き方を見つけることだから。そうできれば、イヤイヤ会社に勤めてるよりもよっぽどストレスの少ない生活を送れると思いますよ。

林　この本を読んで1人でも多くの人がそうなってくれることを願っています。今日はありがとうございました。

和田　ありがとうございました。

和田秀樹（わだ・ひでき）
1960年大阪市生まれ。1985年東京大学医学部卒業。現在、国際医療福祉大学赤坂心理・医療福祉マネジメント学部心理学科教授、川崎幸病院精神科顧問、一橋大学経済学部非常勤講師、和田秀樹こころと体のクリニック（アンチエイジングとエグゼクティブカウンセリングに特化したクリニック）院長。和田秀樹カウンセリングルーム所長。『受験は要領』（ＰＨＰ文庫）、『テレビの大罪』（新潮新書）など著書多数。

おわりに

最後までお読みいただき、ありがとうございます。この本は「うつ起業」とはなにか、「うつ起業」はどうおこなえばいいのか、そして「うつ起業」の際に起こりうる、さまざまなトラブルをどう乗り越えるかなどを題材にしてここまで書いてきました。

この本を一言でまとめると「変化対応」のための本であるといえます。

私の経験を踏まえて考えると、多くの場合、うつになるまで精神状態が悪化するのはこの「変化対応」ができないことが原因になっています。かなり厳しい状況に追い込まれても、「あともう少し」「あともう少しならこのままで大丈夫」と思うことで、さらに無理をしてしまい、うつになる、あるいはうつを悪化させてしまうのです。

私がお伝えしたいのは、たとえうつになっても、一番ひどい時期を乗り越えれば、今度はあなたやあなたの大切な方がうつになったときに、その変化に対応できるようになっているということです。

もちろん、その変化が必ずしもこの本に書かれているような小商いの成功ではないかもしれません。もしかしたら、あなたやあなたの大切な方は、この先もずっと一日中寝たきりで過ごさなければいけないかもしれません。それも一つの変化対応です。逆にもしかしたら、「うつ起業」をして、私など及びもつかないような大成功を収めるかもしれません。それもまた一つの変化対応です。どうなるかは私にはわかりません。

うつになると、物事の見方が歪みます。しかし私は、起業をして現実世界と対峙することで、今まで以上に世の中のことがわかるようになりました。その結果として、物事の見方の歪みを是正することができました。起業を通じて、人間の真理、世の中の真理を学ぶことができたのです。

ですから、まずは、ちょっとでも元気があるときに、一歩前に踏み出して行動することが大切です。ちょっとでも元気なときに勇気を出して行動することが、「変化対応」です。ただ、体調が悪いときはちゃんと休むことも「変化対応」です。どちらも同じぐらい大切なことです。

私はあなたには生きていてほしいと思っています。なぜならあなたの死への欲求は病気によるもので、あなた自身の考えではないことを知っているからです。あなたがシラフに戻ったら、「なぜあれほど死にたがっていたのだろう」と疑問に思うはずです。現に今の私がそうなのです。

ですから、どのような形であれ「変化対応」しましょう。寝込むことも、「うつ起業」することも「変化対応」として等しく価値があることです。状況が悪いときはダンマリを決め込み、状況がいいときは徹底的に積極的に行動する、これはうつ病患者に限らず、起業全般に大切な起業の真理です。

どのような形であれ、あなたの「変化対応」がうまくいくことを私は祈っています。

林　直人

うつでも起《き》業《ぎょう》で生《い》きていく

2021年5月20日　初版印刷
2021年5月30日　初版発行

著者　林《はやし》 直人《なおと》
発行者　小野寺優
発行所　株式会社河出書房新社
〒151-0051
東京都渋谷区千駄ヶ谷2-32-2
電話　03-3404-1201（営業）
03-3404-8611（編集）
https://www.kawade.co.jp/
装丁　小口翔平＋加瀬梓＋須貝美咲（tobufune）
組版　北風総貴＋津山勇（ヤング荘）
対談構成　直本三十六
印刷　三松堂株式会社
製本　三松堂株式会社

Printed in Japan
ISBN978-4-309-30008-5
落丁本・乱丁本はお取り替えいたします。